NOTIONS
D'ÉCONOMIE POLITIQUE

RÉPONDANT AUX PROGRAMMES

DE LA CLASSE DE PREMIÈRE DE L'ENSEIGNEMENT SECONDAIRE MODERNE

ET DE LA TROISIÈME ANNÉE DES ÉCOLES NORMALES PRIMAIRES

Par Henri JOLY

Doyen honoraire de la Faculté des lettres de Dijon.

PARIS

IMPRIMERIE ET LIBRAIRIE CLASSIQUES

Maison Jules DELALAIN et Fils

DELALAIN FRÈRES, Successeurs

56, RUE DES ÉCOLES.

NOTIONS

D'ÉCONOMIE POLITIQUE

Causeries d'un Instituteur sur les Principes élémentaires de l'Économie politique, par *M. Th. Desdouits*, ancien professeur de philosophie, docteur ès lettres, examinateur à l'Hôtel de Ville; in-12, *rel. toile souple*, 80 c.

Éléments de Morale, répondant aux programmes de la *Classe de Quatrième* de l'enseignement secondaire moderne et de la *Deuxième Année* des Écoles normales primaires, par *M. H. Joly*, doyen honoraire de la faculté des lettres de Dijon; 1 vol. in-12, *br.* 2 f. 50 c.

Cours de Philosophie, répondant aux programmes de la *Classe de Philosophie* et de la *Classe de Première-Lettres* de l'enseignement secondaire moderne, par *M. H. Joly* : 9ᵉ édition; 1 fort vol. in-12, *br.* 5 f.

Éléments de Philosophie scientifique, répondant aux programmes de la *Classe de Première-Sciences* de l'enseignement secondaire moderne et de la *Classe de Mathématiques élémentaires*, par *M. H. Joly*; in-12, *br.* 75 c.

Notions de Pédagogie, rédigées conformément aux programmes officiels, et suivies d'un Résumé historique et d'une Bibliographie, par *M. H. Joly*; 1 vol. in-12, *br.* 3 f.

Notions élémentaires de Psychologie, suivies de l'*Application de ces Notions à l'Éducation*, rédigées conformément au programme officiel prescrit pour la *Première Année* des Écoles normales primaires, par *M. H. Joly*; 1 vol. in-12, *br.* 1 f. 75 c.

Cours sommaire de Législation commerciale, industrielle et financière, par *M. Henri Mager*, avocat, professeur de droit commercial membre de la Société de Géographie commerciale de Paris; 1 fort vol. in-12, *avec une carte de la compétence judiciaire commerciale en France*, *br. ou cart.* 3 f.

Notions usuelles de Droit civil, ou exposé des règles pratiques du Code civil, répondant aux programmes de l'enseignement primaire et de l'enseignement secondaire moderne, par *M. J. B. Chassaing*, licencié en droit, sous-chef de bureau au ministère de l'instruction publique; 1 vol. in-12, *br.* 2 f. 50 c.

Cours de Physique, répondant aux derniers programmes officiels prescrits pour l'enseignement secondaire classique et moderne dans les lycées et collèges, et pour les cours des Écoles normales primaires, par *M. J. Langlebert*, professeur des sciences phy-et naturelles, officier d'académie : 50ᵉ édition, revue et tenue au courant des progrès de la science les plus récents (1895); 1 fort vol. in-12, *avec 343 gravures dans le texte et une planche en couleurs*, *br.* 4 f.

Cours de Chimie, répondant aux derniers programmes officiels prescrits pour l'enseignement secondaire classique et moderne dans les lycées et collèges et pour les cours des Écoles normales primaires, par *M. J. Langlebert* : 45ᵉ édition, entièrement refondue d'après la notation atomique, suivie d'un *Traité d'Analyse chimique*, et tenue au courant des progrès de la science les plus récents (1895); 1 fort vol. in-12, *avec 187 gravures dans le texte et 16 planches en chromolithographie*, *br.* 4 f.

Cours d'Histoire Naturelle, répondant aux derniers programmes officiels prescrits pour l'enseignement secondaire classique et moderne dans les lycées et collèges et pour les cours des Écoles normales primaires, par *M. J. Langlebert* : 58ᵉ édition, revue et tenue au courant des progrès de la science les plus récents (1895); 1 vol. in-12, *avec 620 gravures dans le texte*, *br.* 4 f.

NOTIONS
D'ÉCONOMIE POLITIQUE

RÉPONDANT AUX PROGRAMMES

DE LA CLASSE DE PREMIÈRE DE L'ENSEIGNEMENT SECONDAIRE MODERNE

ET DE LA TROISIÈME ANNÉE DES ÉCOLES NORMALES PRIMAIRES

Par Henri JOLY

Doyen honoraire de la Faculté des lettres de Dijon.

DEUXIÈME ÉDITION

PARIS

IMPRIMERIE ET LIBRAIRIE CLASSIQUES

Maison Jules DELALAIN et Fils

DELALAIN FRÈRES, Successeurs

56, RUE DES ÉCOLES.

ENSEIGNEMENT SECONDAIRE MODERNE

CLASSE DE PREMIÈRE (Lettres et Sciences).

ÉCONOMIE POLITIQUE.

Introduction.

L'économie politique, 1. — Son but, 1-2. — Ses rapports avec les autres sciences et notamment avec le droit, 2-3. — Divisions de l'économie politique : production, distribution, circulation et consommation des richesses, 1.

Ire partie. — Production de la richesse.

Les éléments de la production :

1º La terre et les agents naturels, 1-5.

2º Le travail et l'industrie, 5. — Organisation et liberté du travail, aperçu historique, les corporations, Turgot, 10-13. — Classification des industries, 6-8. — Le commerce, 7. — Le rôle de l'entrepreneur dans l'industrie, 8-9.

3º Le capital; différentes espèces de capital, 13-14. — Comment l'épargne le forme, l'accroît et le conserve, 12-13.

IIe partie. — Distribution de la richesse.

I. *La propriété.* — La propriété individuelle; exposé et réfutation des principaux systèmes qui la nient; fondement de la succession *ab intestat* et du droit de tester, 51-54.

II. *Les conventions :* 54.

1º *Le fermage :* La rente du sol, 55. — Différents systèmes de culture; grande et petite culture; inconvénients d'un trop grand morcellement ou d'une concentration excessive de la propriété, 16-18 et 64-65.

2º *La part du capital dans la répartition de la richesse :* l'intérêt; légitimité du prêt à intérêt, 57, 58.

3º *La part de l'entrepreneur :* le profit, 60.

4º *La part de l'ouvrier :* application de la loi de l'offre et de

Vᵉ partie. — Application de l'économie politique à la législation financière.

ÉCOLES NORMALES PRIMAIRES.

TROISIÈME ANNÉE.

Notions d'économie politique.

NOTIONS
D'ÉCONOMIE POLITIQUE

I.

**Production de la richesse. — Les agents de la production :
la matière, le travail, l'épargne, le capital, la propriété.**

**L'économie politique, son objet, ses rapports avec les autres parties
de la philosophie et notamment avec le droit.**

L'économie politique est, d'après la définition la plus abrégée, la *science des richesses*, ou, plus explicitement, la science des lois qui président à la production, à la circulation, à la distribution et à la consommation des richesses.

Cette science est née des efforts patriotiques tentés par Vauban et Boisguilbert pour conjurer la ruine dont les excès du despotisme de Louis XIV et les vices de l'administration de l'ancien régime menaçaient la France. Elle a été développée et agrandie par les *physiocrates*[1] du dix-huitième siècle. Ces philosophes voulaient l'amélioration de la condition humaine sur la terre, en général ; ils préconisaient comme moyen le respect des lois naturelles, impliquant la rupture des entraves factices dont les législations embarrassaient la liberté du travail, la liberté des transactions et des échanges. Les Anglais, les Écossais, parmi lesquels Adam Smith, se sont ensuite appliqués à donner à cette science une plus grande rigueur scientifique ; mais ils la restreignaient à l'étude de la richesse, entendue dans son sens le plus étroit, et ils faisaient abstraction

---

1. De deux mots grecs (*fusis*, nature, et *kratos*, puissance). D'après ces philosophes, le gouvernement des sociétés ne doit appartenir ni à une élite (*aristocratie*) ni à la volonté générale, mais arbitraire, du peuple tout entier (*démocratie*). Ce qui doit gouverner, c'est la *nature*, dont la science découvre et formule les lois inéluctables.

de tous les problèmes qu'y avait introduits le souci de la des-
tinée humaine et de la morale.

L'économie politique a profité de ces recherches et des lois
précises dont elles ont trouvé les formules. Mais, en France
notamment, elle a toujours cherché à grandir son domaine,
ou du moins à bien marquer les points importants par où elle
confine aux diverses parties de la philosophie et de la morale,
et mêle en quelque sorte ses questions à leurs questions.

En effet, il est impossible de traiter de la production sans
approfondir l'idée du travail et de la part qu'y prennent nos
diverses facultés : l'idée de confiance et de mutualité dans la
circulation, l'idée de justice dans la distribution, les idées de
prévoyance et de tempérance dans la consommation, ont aussi
en économie politique une importance capitale. Il est donc clair
que cette dernière science ne peut être isolée ni de la psychologie ni de la morale. La richesse est à la fois un signe et un
moyen d'action de notre puissance sur la terre. Ne cherchât-on
en apparence qu'à l'accroître, comme il est prouvé qu'on ne
peut ni en mal user, ni chercher à l'accaparer pour soi seul,
sans la diminuer ou la détruire, on est ramené, bon gré mal gré,
à se rendre compte du lien si étroit qui la rattache à la pratique des vertus humaines : car le courage, la justice, la charité, la tempérance, la prudence et la réflexion sont autant
de vertus que la recherche bien entendue de la richesse suppose, mais que, à son tour, elle développe et fortifie dans une
nation.

Il y a encore un rapport assez étroit entre l'économie politique et le droit.

Le droit s'applique à régler les rapports des hommes entre
eux, de manière à prévenir, s'il est possible, et, en tous cas, à
terminer pacifiquement leurs contestations. Or, il est évident
que rien n'est de nature à donner lieu à des contestations
comme le partage des richesses et la mutuelle limitation des
intérêts. A chaque instant il faut que la loi prononce et décide
pour la liberté du travail, pour le respect des conventions,
pour la protection du capital, pour tous les actes, enfin, par
lesquels les membres d'une même société participent à la
circulation et à la distribution des richesses produites.

Mais le droit, à son tour, ne peut se passer des lumières des
autres sciences, et notamment de l'économie politique. Il ne

1.

suffit pas que les relations des producteurs, des capitalistes, des consommateurs, soient réglées par une loi claire et impérative; il faut surtout que cette loi soit équitable. Or ici l'équité ne peut être établie que par l'étude attentive des conditions de la production. Il faut donc que le droit, tel que le législateur le formule, s'applique à tenir compte des lois naturelles mises en lumière par les sciences sociales, et notamment par l'économie politique.

La richesse.

On peut donner de la *richesse* cette définition, la plus commune et la plus simple : c'est *tout ce qui, soit directement, soit par voie d'échange, peut servir à la satisfaction des besoins de notre nature.*

Mais il est certaines distinctions qu'il importe d'établir ici, tant entre nos besoins qu'entre les choses qui peuvent servir à les satisfaire.

Il y a d'abord des besoins qui se retrouvent toujours et partout les mêmes chez tous les hommes, avec une intensité à peu près égale, parce que, s'ils ne sont pas satisfaits, c'est la vie qui est atteinte et bientôt tarie dans sa source.

Il en est dont la satisfaction, sans être indispensable à l'existence, contribue cependant à l'embellir, à l'adoucir, à faire régner parmi les hommes un amour plus vif des relations sociales et de la paix : ceux-là varient en nombre et en intensité, en même temps que la civilisation, les arts et les idées qui dominent dans tel pays ou dans tel siècle donné.

Il en est d'autres qui non seulement ne sont pas inhérents à notre nature, mais qui naissent de la recherche excessive et dépravée d'un plaisir dont la jouissance met le désordre dans nos facultés, et, quand elle est prolongée, nous épuise.

Il en est, enfin, qui visent à plus de puissance et plus d'action, et dont la seule apparition révèle un accroissement de vie, d'intelligence, d'activité, qui veulent s'employer. Quand ces besoins sont satisfaits, le surcroît de force qui en dérive ne tarde pas à créer de nouveaux besoins, qui sollicitent le génie de l'homme à de nouvelles œuvres; et ainsi de suite, sans que nous puissions prévoir le terme assigné sur la terre à ces séries d'efforts et de triomphes : car, ainsi que le dit Pascal, l'homme est né pour l'infinité.

La satisfaction des besoins de la troisième espèce est nuisible, la psychologie nous l'atteste ; mais l'économie politique les proscrit également, comme arrêtant, par l'affaiblissement de nos facultés, le progrès de la richesse elle-même. Quant aux autres, s'ils réclament le progrès indéfini de la richesse, ils aident aussi à la produire, de même que l'homme se sent d'autant plus désireux d'agir qu'il est plus fort, et que sa force augmente au fur et à mesure qu'il agit davantage.

Si la richesse est ce qui sert à la satisfaction de nos besoins, nous pouvons distinguer la richesse actuellement réalisée et disponible, de la richesse qui, sans mettre immédiatement à notre portée telles ou telles satisfactions, nous les prépare et les rend possibles pour l'avenir. C'est à ce titre que l'intelligence, l'instruction, l'énergie de la volonté, sont des richesses, qu'une idée scientifique, une découverte, ou l'apparition d'un agent naturel, comme une source ou une chute d'eau, en sont aussi. Sans doute, une force qu'on laisserait inactive et stérile ne compterait pas ; mais il est de plus en plus rare qu'une force véritable demeure sans produire aucun effet. Or, pour qui envisage simplement la durée d'une vie d'homme, à plus forte raison pour qui considère les destinées d'une nation, cette richesse en quelque sorte virtuelle, cette richesse de l'avenir, n'est certainement pas la moins précieuse.

La production.

L'homme ne pouvant point créer de choses ou de substances, l'acte de *produire* se réduit pour lui à *créer de l'utilité*, c'est-à-dire à rendre utile une chose qui ne l'était pas, ou à rendre plus utile une chose qui l'était moins. Quant à l'utilité, est-il nécessaire de dire en quoi elle consiste? C'est l'aptitude à satisfaire un de nos besoins.

Ainsi, d'un champ couvert de ronces et d'épines obtenir du blé, c'est produire ; des branches d'un arbre tirer des armes, des outils, des matériaux de construction, c'est produire ; aller chercher dans les entrailles de la terre des combustibles ou des métaux, faire croître et multiplier les animaux domestiques qui servent à notre alimentation ou à nos travaux, tout cela c'est produire. Trouver l'idée d'un mécanisme qui, simplifiant tel ou tel travail, fait faire désormais par un homme et en une heure ce qui exigeait jusque-là les efforts de deux hommes pendant deux heures, c'est encore produire. On peut même, avec des économistes éminents, aller plus loin et dire : Faire accepter un bon conseil, dégrossir une intelligence mal cultivée jusque-là, émettre des idées justes dont les conséquences apparaîtront un jour ou l'autre, c'est produire.

Les éléments de la production : la terre et les agents naturels.

Puisque, même en produisant, l'homme ne crée pas, il faut qu'il trouve à sa disposition les choses qu'il se rendra de plus en plus utiles. L'ensemble de ces choses préexistantes et créées par Dieu, c'est la *matière.*

Pour certaines écoles, la matière unique de la production c'était la terre. Il est bien vrai que la terre, surtout si l'on comprend en elle le sous-sol minier, et si on la peuple des animaux qui vivent d'elle, offre à notre travail la partie la plus considérable des matériaux à l'aide desquels nous produisons. Mais il est dans la nature d'autres agents ou d'autres forces dont l'homme peut tirer une utilité croissante : le vent, la pluie, le soleil, l'électricité. Le vent fait tourner des moulins et marcher des navires; l'électricité est un moyen de thérapeutique pour la médecine, en même temps qu'une force pour l'industrie. Enfin, nos facultés, physiques ou morales, et la vie, qui leur sert de base et de soutien, peuvent être considérées comme une matière qui nous est donnée, mais qu'il nous appartient de cultiver et de mettre en œuvre.

Suite des agents de la production : le travail.

Nous mettons cette matière en œuvre par le *travail, qui est l'effort de l'une ou de l'autre de nos facultés, appliqué à la production.* Non seulement les agents naturels ne font rien pour nous sans nous, mais on peut dire, d'une façon générale, que les forces de l'univers, quelles qu'elles soient, commencent par être pour nous des forces ennemies. Nous commençons d'abord par nous préserver de leur atteinte; puis, à mesure que nous les connaissons mieux, nous les faisons servir à notre usage, mais ce n'est jamais sans efforts : car si nous ne les créons pas, nous créons l'utilité que nous en retirons. « A quoi auraient servi pour la production les qualités du fer, si l'industrie n'avait su dégager le métal du minerai et lui imprimer les formes propres à rendre ses qualités utiles? A quoi aurait servi le vent pour faire tourner la meule, sans les ailes du moulin? A quoi aurait servi le fluide magnétique pour diriger les navigateurs, sans l'invention de la boussole? A quoi serviraient la pluie et le soleil pour faire germer les plantes, sans le travail préalable qui présente à la rosée du ciel et à la chaleur des rayons solaires le sein d'une terre convenablement labourée, fumée, ameublie, ensemencée? Ces agents et bien d'autres, enfin, sont à la disposition de tous les hommes : de quoi servent-ils au sauvage qui n'a appris à en tirer aucun parti[1]? » C'est notre travail qui fait non pas les choses, mais les propriétés, utiles pour nous, des choses que la nature nous fournit.

Des différentes formes du travail. L'agriculture, l'industrie, le commerce.

Le travail est de plusieurs sortes; tout travail implique certains efforts, qui, quoique nécessaires l'un à l'autre, n'en doivent pas moins être distingués.

Considéré dans ses rapports avec la matière à laquelle il s'applique, le travail peut se subdiviser en travail *extractif*, travail *agricole*, travail *industriel*, travail *locomoteur* et travail *commercial*.

Le travail *extractif*, le mot l'indique, s'applique à extraire du sein de la terre les métaux ou les combustibles, enfin les corps de toute espèce qu'elle renferme, et qui donneront soit la matière première que transformera l'industrie, soit la force à l'aide de laquelle ces transformations s'opéreront.

Le travail *agricole* consiste dans la culture, qui comprend le défrichement, l'amendement, le labour, l'ensemencement, le sarclage, le drainage, l'aménagement des forêts, l'entretien des chemins et des routes, etc. Ces divers travaux ont pour but de tirer du sol tout ce que le sol peut donner, pour nous loger, pour nous éclairer, pour nous vêtir, pour nous alimenter.

1. A. DUNOYER. — Encore le sauvage travaille-t-il pour se forger des armes et des outils, apprivoiser certains animaux, etc.

On comprend aussi dans l'agriculture l'élevage des animaux, qui, engraissés avec les produits du sol, préservés par nos soins des causes de destruction, améliorés par les croisements, servent, à leur tour, à nous nourrir ou à nous vêtir, ou bien encore nous laissent, dans leurs dépouilles, des matières dont l'industrie sait tirer parti.

Le travail *industriel* (ou l'industrie proprement dite) transforme et adapte à un nombre incalculable d'usages les produits que le travail extractif ou le travail agricole lui a donnés. Il a pris surtout un essor immense depuis l'invention des machines.

Le travail *locomoteur* transporte là où il en est besoin les éléments divers qui servent au travail industriel ou les autres produits que nos besoins réclament sans les avoir immédiatement à leur portée. C'est par le travail locomoteur que nous importons les animaux et les végétaux des pays lointains pour les acclimater dans notre pays, que les matières premières sont amenées là où elles peuvent être utilement travaillées, que les produits qui surabondent dans une contrée se déversent dans celles qui en manquent, et ainsi de suite.

A ce dernier travail se rattache de très près le travail *commercial*, ou le commerce. Le commerçant épargne aux autres travailleurs le souci des déplacements, des approvisionnements, des informations, des prévisions à long terme. Il s'ingénie à trouver les produits qui ne sont pas encore suffisamment connus ou appréciés, ceux dont le propriétaire ou le producteur n'a pas su trouver lui-même le placement : il les met à la portée de ceux qui les désirent, et dont il a prévu les besoins. Il encourage ainsi la production, qui, si elle ne comptait pas sur lui, ne saurait jamais ni dans quelles proportions, ni pour qui, ni suivant quelles exigences elle doit travailler, qui, par conséquent, risquerait bien plus souvent de travailler à perte. Le travail du commerçant est donc bien un des agents nécessaires de la production.

Il est inutile de montrer combien est grande, dans chacun de ces genres de travail, la part de l'effort intellectuel. Qu'on ne croie donc pas que le travail productif soit uniquement le travail des mains ; ce dernier travail ne donnerait au contraire que bien peu de chose sans le concours et sans la direction du travail de la pensée.

L'entrepreneur : son rôle dans l'industrie.

Il est également impossible de ne pas faire une très grande place à l'action de ce que l'on appelle le *travail de l'entrepreneur*.

Il y a, supposons-le, une grande œuvre à exécuter : un pont à construire, une série de forts à élever autour d'une ville, un canal à creuser, un tunnel à percer, un chemin de fer à terminer, etc. A combien d'industriels et de commerçants ne faut-il pas avoir recours? Que de matériaux de construction, en bois, en pierre, en briques, en fer, en acier, que d'engins ou d'outils, anciens, nouveaux, perfectionnés, que de produits de toute nature, et que d'ouvriers de toute sorte ne faut-il pas réunir et grouper? Or, ce groupement ne peut se faire tout seul. Chacune des innombrables industries dont tel ou tel produit peut être nécessaire à l'entreprise en question, doit être prévenue, avertie, sollicitée; puis il faut qu'elle sache à qui faire ses offres, et avec qui établir ses comptes.

Celui qui se charge de l'exécution d'une semblable entreprise, ou qui quelquefois la provoque, s'appelle un *entrepreneur*. Il calcule l'importance de l'œuvre totale, s'assure du temps, de la quantité de travail, de l'argent qu'elle exige, des bénéfices qu'elle peut laisser; il s'en charge dans des conditions qu'il a débattues; puis il s'occupe, sous sa responsabilité, de réunir tous les moyens d'exécution; il les met en mouvement, il les surveille, payant les fournisseurs et les ouvriers, cherchant toutes les combinaisons qui permettent de terminer le plus promptement et le mieux possible l'ensemble qu'on lui a confié.

De leur côté, les industriels et les commerçants sont heureux de se mettre en rapports avec de pareilles entreprises, qui leur indiquent avec certitude les produits nécessaires et donnent ainsi du travail à leurs usines.

Nous pouvons conclure que toutes ces formes du travail sont solidaires l'une de l'autre, qu'elles s'entr'aident mutuellement; que le travail agricole, s'il fournit des matières premières au travail industriel, en reçoit des engrais et des machines, et que, par les débouchés que l'industrie lui prépare, et que le commerce et la locomotion lui assurent, il est excité de plus en plus à augmenter et à perfectionner ses produits : car il est sûr d'en trouver un placement rémunérateur, et ainsi du reste.

Considérons maintenant le travail dans la diversité des efforts qu'il exige et des facultés qu'il met en jeu. Nous distinguerons : 1° le travail *matériel* ou *corporel*, car il faut que l'homme, même quand il se sert de machines, leur imprime le mouvement et les dirige ; 2° le travail *affectif*, car le travail fait sans goût, sans courage, sans amour de sa profession ou de son métier, sans *cœur*, en un mot, comme dit le langage populaire, ne saurait être aussi fécond[1] ; 3° le travail *intellectuel*, c'est-à-dire l'effort de l'esprit, qui, généralisant ses expériences et tirant parti de ses déductions, s'applique à travailler « au bon moment, au bon endroit, de la bonne manière[2] », ce qui n'est possible qu'à la condition d'observer, de retenir et de comparer, en un mot, de réfléchir. Quand ces opérations intellectuelles se sont étendues avec suite et méthode, elles trouvent des moyens de plus en plus puissants de multiplier les effets de notre énergie par la domination et la direction des forces naturelles. Car il y a longtemps déjà que la science et l'industrie modernes réussissent à réaliser de mieux en mieux l'idéal posé par Descartes. « Il y a, disait-il, une science pratique par laquelle, connaissant la force et les actions du feu, de l'eau, de l'air, des astres, des cieux et de tous les autres corps qui nous environnent, aussi distinctement que nous connaissons les divers métiers de nos artisans, nous les pourrions employer en même façon à tous les usages auxquels ils sont propres, et ainsi nous rendre comme maîtres et possesseurs de la nature. »

De la division du travail.

Le travail, quelque forme qu'il revête, tend de lui-même à faire ce qu'il trouve le plus aisé et le plus avantageux. Supposons un homme livré absolument à ses propres efforts. Sans doute, il sera contraint de faire indistinctement de ses mains tout ce qui lui sera nécessaire pour vivre. Mais aussitôt qu'un

1. Voyez nos *Éléments de Morale*, page 77.
2. STANLEY JEVONS, *l'Économie politique.*

certain nombre d'hommes sont réunis, et que le besoin
qu'ils ont les uns des autres les amène à associer leurs travaux, chacun d'eux prend une part du travail commun et
laisse les autres à ses compagnons. Là est l'origine de ce qu'on
nomme la *division du travail*. Toutes les fois qu'un travail
quelconque peut être subdivisé en plusieurs opérations, il y
a avantage à ce que chacune de ces dernières soit faite par un
travailleur particulier. On a parfaitement établi que cette division a l'avantage: 1° d'augmenter l'habileté de chacun des
ouvriers, puisque, en choisissant son travail et en s'y appliquant
tout spécialement, il le connaît mieux et le pratique plus aisément; 2° d'épargner la perte de temps qu'amènerait le passage
incessant d'un genre de travail à un autre; 3° de provoquer
et de faciliter l'usage croissant des machines, car il est de
l'essence de la machine d'opérer un travail circonscrit, fixe,
déterminé; 4° de resserrer entre les travailleurs les liens
d'une solidarité de plus en plus difficile à rompre, car plus
un travail est divisé, plus est grand le nombre de ceux qui
ont besoin les uns des autres pour pouvoir jouir des résultats
du travail total.

Organisation et liberté du travail.

Le travail tend donc naturellement à se diviser au fur et à
mesure que les travailleurs sont plus libres de céder à leurs
goûts et de consulter leurs aptitudes. La division du travail
est encore accélérée par les exigences de l'industrie, qui veut
faire beaucoup, vite et à bon marché.

D'autre part, nous venons de dire que la division du travail
appelle une *organisation* faisant concourir les efforts de
chacun à l'exécution d'un travail d'ensemble.

Accorder la *liberté* du travail avec l'*organisation* du travail n'est pas une œuvre facile : aussi les sociétés humaines
offrent-elles tour à tour les excès de l'organisation et les excès
de l'isolement, auquel expose un certain usage de la liberté.

Sous les Romains, les artisans étaient organisés en *collèges*.
Quand on faisait partie, par exemple, du collège des bou-
langers ou des bouchers, on ne pouvait quitter sa profession
qu'à la condition d'avoir un successeur accepté par la communauté, à laquelle, d'ailleurs, on laissait une partie de ses biens.

L'État partait de cette idée longtemps très tenace, que l'exercice des métiers nécessaires à la société est une sorte de fonction, et qu'il appartient à la loi de veiller à la perpétuité de ces fonctions.

Les *corporations* qui s'établirent en France au moyen âge présentèrent un autre caractère. On payait pour y entrer, et, une fois qu'on y était, on jouissait d'un certain nombre de privilèges. Après avoir été *apprenti*, on devenait *compagnon*, puis *maître;* on pouvait même prétendre à diverses magistratures ou dignités, comme celle de *jurés,* qui administraient les biens de la communauté.

A la fin du dix-huitième siècle, on trouva que cette organisation offrait de nombreux abus. Nul n'était maître de son travail, de ses prix, de ses procédés; nul ne pouvait appliquer une idée, réaliser une innovation, changer de méthode, sans que toute la corporation fût mise en mouvement, y consentît, en obtînt l'autorisation. Parmi les chapeliers, les uns n'avaient le droit de fabriquer que des chapeaux de feutre, les autres que des chapeaux de coton. Les mêmes filateurs ne pouvaient pas filer en même temps le chanvre et le lin ; les savetiers ne pouvaient pas remettre à neuf plus des deux tiers d'une chaussure sans empiéter sur les prérogatives des cordonniers et sans s'exposer à un procès, et ainsi de suite à l'infini. Ajoutons qu'on ne pouvait devenir *maître* « qu'après des épreuves aussi longues et aussi pénibles que superflues, et après avoir satisfait à des droits et à des exactions multiples [1] ».

C'est à cet ordre de choses que mit fin Turgot, en abolissant les maîtrises et les jurandes, et en permettant à tout artisan d'exercer librement sa profession.

L'Assemblée Constituante consacra définitivement la réforme de Turgot par un décret ainsi formulé : « Il sera libre à tout citoyen d'exercer telle profession, art ou métier qu'il trouvera bon, après s'être pourvu d'une patente et en avoir acquitté le prix, en se conformant aux règlements qui pourront être faits. »

C'est là le régime sous lequel nous vivons.

Il est néanmoins loisible aux ouvriers, artisans, fabricants, de s'associer entre eux. Il leur est même permis depuis quelque temps de se *syndiquer* ou de former des réunions dans les-

1. Expressions de Turgot.

quelles ils avisent à ce qu'exigent leurs communs intérêts. Par exemple, les vins de Champagne sont-ils l'objet d'une contrefaçon ou d'une concurrence déloyale : le *syndicat* des fabricants de vins de Champagne peut intenter un procès au nom et aux frais de ceux qui font partie du syndicat.

Ainsi se concilient les avantages de la liberté individuelle et les avantages de l'association.

Suite des agents de la production : l'épargne.

On définit *l'épargne, la conservation calculée d'un ou de plusieurs objets utiles.* Pesons bien ce mot *calculée :* car laisser se perdre et dépérir ou devenir inutile une chose dont on pourrait jouir soi-même ou faire jouir autrui, ce n'est pas épargner. Épargner un objet, c'est le réserver pour un temps où il pourra procurer une somme d'utilité plus grande. Celui qui veut jouir à tout prix, toujours et quand même, celui-là ne calcule ni ne réfléchit, ni ne se modère. Un jour, il se donne un superflu inutile ou même nuisible; le lendemain ou le surlendemain, il est privé du nécessaire. Mais l'épargne revêt encore une autre forme et présente d'autres avantages. Les objets dont nous nous abstenons de jouir ne restent pas tous entassés et simplement réservés, pour servir plus tard, tels qu'ils étaient primitivement. Il en est beaucoup qui s'améliorent, qui grandissent, ou qui se multiplient, comme les animaux et les végétaux. Il en est qui ont besoin d'être réunis en grand nombre et alliés à d'autres d'un autre genre, pour pouvoir acquérir une utilité que, séparés, ils n'auraient pas : ainsi, pour construire une machine, une maison ou un bateau, faut-il épargner des matériaux considérables, ou avoir en réserve soit des produits, soit des valeurs représentatives de produits[1], qui permettent de se les procurer.

L'épargne s'exerce de mille autres manières et sous des formes très diverses.

Consacrer chaque année une certaine somme pour *s'assurer* contre des accidents qui causeraient des pertes considérables est une des formes les plus intelligentes de l'épargne.

On s'assure contre l'*incendie* auprès des compagnies d'assurances.

1. Ces mots seront scientifiquement expliqués un peu plus bas.

On s'assure contre les *accidents* auprès de compagnies de même genre.

On s'assure contre la maladie, ou du moins contre les frais qu'elle pourrait occasionner, en faisant partie d'une *société de secours mutuels*.

On s'assure contre la gêne des jours de chômage ou contre les besoins imprévus en versant quelques économies à la *caisse d'épargne*.

On s'assure contre les suites financières de la mort en contractant une *assurance sur la vie*, c'est-à-dire en contractant avec une société qui, moyennant des primes annuelles, s'engage à payer, après votre décès, une somme fixée d'avance.

Mais le service le plus grand que nous rende l'épargne, c'est de permettre la constitution du capital.

Suite des agents de la production : le capital. Origine du capital. Les différentes formes du capital.

Le capital peut se définir *l'ensemble des produits d'un travail antérieur accumulés et destinés à rendre plus productif le travail nouveau.*

Ainsi, gardons-nous de confondre absolument le capital avec la richesse, quels que soient les rapports très étroits que ces deux choses aient entre elles la plupart du temps. « Le capital, dit très justement M. Baudrillart, n'est pas toute la richesse. Les tableaux, les bijoux, les vaisselles d'or et d'argent sont des richesses, mais ne sont pas des capitaux. » Du moins ne sont-ce pas des capitaux pour un simple particulier qui n'en retire que des satisfactions d'amour-propre. On pourrait y voir seulement des capitaux pour un négociant, pour un joaillier ou un orfèvre, chez qui ces objets servent de fonds, de garantie, et sont une source de bénéfices.

Prenons une industrie ou un art quelconque. L'utilité du capital apparaît bien vite. Prenons, par exemple, la culture comme elle se pratique aujourd'hui dans les pays civilisés. Suffit-il au laboureur d'avoir un coin de terre et ses deux bras ? Non ; il lui faut une maison avec ses dépendances pour abriter non seulement sa personne et sa famille, mais ses animaux, ses outils et ses instruments divers, pour mettre en réserve, au temps voulu, ses semences et ses récoltes. Or,

maison, animaux, instruments, semences, etc., ont coûté, soit
à lui, soit à ses ascendants, soit à ceux qui les lui ont légués,
une somme plus ou moins considérable de travaux. Si sa
culture est étendue, s'il a l'intelligence nécessaire pour savoir
là perfectionner, il lui faut des aides, et il ne peut s'en procurer que s'il possède de quoi rémunérer leur travail. L'industrie et le commerce exigent encore plus impérieusement
le concours du capital. Il n'est point d'industrie sérieuse sans
acquisition préalable de matières premières et de machines,
point de commerce étendu et fécond sans approvisionnements.

A coup sûr, il est possible de travailler sans capital : les
sociétés naissantes n'en ont pas ; et c'est d'elles cependant que
sortent nos sociétés si riches et si puissantes. Il y aurait, d'ailleurs, un cercle vicieux inacceptable à rendre indispensable
aux premiers efforts du travailleur ce que l'on dit, et à juste
titre, être le produit du travail lui-même. Mais, si le capital
n'est pas nécessaire aux débuts du travail et de la production, il en active les progrès ultérieurs : 1° en lui donnant des moyens d'action de plus en plus étendus ; 2° en lui
assurant, par les progrès continus de la richesse publique, le
placement de plus en plus certain et de plus en plus rémunérateur de ses produits.

Le capital profite ainsi même à ceux qui ne le possèdent
pas, et tous ont intérêt à le voir augmenter dans la société
dont ils sont membres. Le capital, en effet, se communique
de bien des manières. Laissons de côté, si l'on veut, la charité,
bien qu'elle résulte d'un penchant naturel, et qui, quoique
souvent comprimé, n'en est pas moins indestructible. Mais
le capital se communique involontairement par le changement qu'il opère dans les conditions générales de l'existence,
puisque c'est grâce à lui que nous trouvons dans le monde où
nous naissons plus de salubrité et de sécurité. Il se communique aussi d'une manière intéressée et volontaire : car plus
un homme ou une société sont riches, plus il leur faut d'auxi-
liaires pour mettre en valeur ou conserver le capital acquis ;
plus aussi leurs besoins grandissent, et plus ils sont prêts à
abandonner une partie de leur capital à ceux dont le travail,
l'intelligence ou l'industrie leur fournissent les moyens de les
satisfaire.

Suite des agents de la production : la propriété.

Nous n'avons pas à établir ici le fondement du droit de propriété ni les droits qui en découlent. Ce que nous avons à dire, c'est que la formation et l'accroissement du capital ne sont possibles que par le respect de ce droit. Si l'homme travaille au delà de ce qu'exige la satisfaction immédiate de ses besoins personnels, c'est qu'il compte sur le respect du droit qu'il revendique à posséder le fruit de son travail, à pouvoir le conserver, en disposer, le donner et le léguer à ses enfants. Il n'y a plus à contester de semblables vérités. C'est donc par la propriété que se concentrent et se développent, puis se communiquent et se répandent ces capitaux qui doublent la fécondité de la terre par des procédés de culture plús savants, ouvrent des usines, percent des routes, réunissent à grands frais les moyens de tirer un utile parti des moindres parcelles de la matière.

Mais si la concentration des capitaux est une condition de leur puissance, faut-il croire que toutes les propriétés doivent se concentrer elles-mêmes de plus en plus en un petit nombre de mains! Nullement. Les faits donneraient, surtout en France, un démenti à cette théorie : car nous voyons l'accès de la propriété devenir de plus en plus facile à tous, en s'offrant sous des formes restreintes qui ne désespèrent, pour ainsi dire, aucun travailleur, et en même temps nous voyons les capitaux se réunir de plus en plus par grandes masses pour opérer dans la nature et dans les arts des transformations puissantes. La grande propriété ne pratique pas toujours la grande culture[1] (c'est-à-dire la culture par la science et par les procédés qui exigent le concours de grands capitaux). D'autre part, nous verrons que le crédit et l'association, surtout avec l'aide des connaissances scientifiques et des procédés innombrables qu'elles inventent, peuvent faire participer la petite propriété et les petites épargnes aux bienfaits de ce qu'on appelle la grande culture ou la grande exploita-

1. On a vu, par exemple, des domaines immenses se subdiviser en un nombre considérable de petites exploitations ou de petites fermes, dans lesquelles les travailleurs disséminés ne savaient pratiquer qu'une culture rudimentaire.

tion. L'intérêt individuel qui, quand on lui laisse la liberté, ne tarde pas à s'ennoblir par le souci de la responsabilité et de la dignité de la personne humaine, trouve de lui-même la solution des difficultés. Le travail tendra toujours et partout à la sécurité du lendemain, c'est-à-dire à la propriété, et la propriété tendra toujours à chercher la plus grande production possible. Si l'on comprimait ce double essor de l'intérêt personnel, on frapperait d'immobilité toutes les puissances qui concourent à développer la production, et avec la production la richesse, et avec la richesse, enfin, la civilisation et ses arts: on nous ramènerait à la barbarie.

La grande et la petite propriété.

Mais on a tant discuté sur la grande et la petite propriété qu'il est utile de donner ici à ce sujet quelques notions positives.

La division de la propriété est très ancienne dans notre pays. On a cru pendant un certain nombre d'années qu'elle datait de la Révolution française; mais c'est là une opinion qui ne tient pas un instant devant les faits.

La division de la propriété a commencé avec l'émancipation des serfs. Le serf émancipé recevait, en même temps que la liberté, la propriété de sa chaumière et celle du terrain qui lui était nécessaire pour subsister, lui et sa famille. D'innombrables chartes sont là pour l'attester.

Il ne faut ni exalter ni abaisser cette générosité des seigneurs féodaux. La plupart ne savaient plus que faire de leurs immenses domaines, fruits de la conquête; ils ne savaient comment les cultiver. Les serfs qui étaient venus se grouper autour d'eux et leur demander asile et protection ne savaient, de leur côté, quelle était leur situation, quels étaient leurs droits et leurs devoirs. Les *chartes* dites d'affranchissement ne firent que constater les accords qui, un instant, durent intervenir de tous côtés pour régler la situation respective des seigneurs et des manants.

Les seigneurs ne faisaient pas, loin de là, une mauvaise affaire. Ils divisaient leurs propriétés et ils y renonçaient même en apparence, puisqu'ils constituaient chacun de leurs serfs propriétaire. Cela est vrai. De leurs grands domaines, désormais morcelés, ils ne gardaient que divers bâtiments, où ils installaient leur justice, leurs agents, leurs gardes, leurs colombiers, etc. Mais ils étaient toujours seigneurs; ils conservaient, à ce titre, des droits considérables, qui, loin de diminuer, tendirent toujours à s'accroître et à s'alourdir jusqu'en 1789 : les excès, par exemple, du droit de chasse ruinaient les cultures. C'est même ce qui a fini par irriter si violemment le paysan français : il était propriétaire, et on l'accablait de charges et de redevances; il avait tout le fardeau de la propriété, et on lui en enlevait un à un les bénéfices.

Quoi qu'il en soit, on voit combien la division de la propriété est chose ancienne. Un grand domaine est, sous l'ancien régime, une chose très peu commune. Dans les réunions des *sociétés savantes* de France, à la Sorbonne, on a cité, on a décrit des domaines ruraux qui, pour être portés de vingt ou trente hectares à deux ou trois cents, avaient demandé trois ou quatre siècles d'efforts suivis et des achats multipliés de petites parcelles insignifiantes. En revanche, les exemples de grands domaines se subdivisant très vite sont plus nombreux. Pour un domaine abbatial ou seigneurial qui, après s'être lentement formé, se maintient dans ses vastes proportions, il y en a dix qui se morcèlent à nouveau, au fur et à mesure que le seigneur dépense son argent à la cour et vend les terres qui lui restaient pour payer ses dettes. C'est ainsi qu'à Vézelay (Yonne) un document officiel de 1164 nous montre partout le champ du barbier, du cordonnier, du tisserand, à côté du domaine de l'abbaye et des propriétés des riches familles. Il n'est presque aucun habitant qui n'ait sa petite vigne, probablement achetée au grand seigneur contraint de vendre morceau par morceau son domaine.

Les choses ne se passent pas autrement aujourd'hui. Un petit propriétaire s'enrichit et économise : il achète autour de lui, il s'arrondit. Deux générations plus tard, l'héritier de ce domaine se ruine dans une grande ville : alors tout est mis en vente, et les voisins achètent chacun une parcelle. Jamais aucune loi ne pourra empêcher ce va-et-vient, parce que la nature humaine sera toujours la même, et que, à côté des travailleurs économes, il y aura toujours des dissipateurs, dans tous les rangs de la société.

J. Économie politique.   2

Mais, à côté de ces causes morales, il y a aussi des causes économiques qui font que telle culture, après avoir été rémunératrice et prospère, devient mauvaise par suite de la concurrence, tandis que telle autre se trouve subitement favorisée par des débouchés inattendus. Supposons donc que, dans un milieu quelconque, un grand domaine réussisse pour avoir su modifier à temps son système, et que la majorité des petites propriétés qui l'entourent restent en souffrance : le grand domaine s'arrondit en absorbant les petits; supposez le contraire : c'est le grand domaine, négligé par son propriétaire, qui s'émiettera, et les petites propriétés se multiplieront.

Résumé.

L'économie politique est la science des richesses, ou, plus explicitement, des lois qui président à la production, à la circulation, à la distribution et à la consommation des richesses.

La richesse, c'est tout ce qui, soit directement, soit par voie d'échange, peut servir à la satisfaction de nos besoins.

Produire, c'est créer de l'utilité, c'est-à-dire rendre utile une chose qui ne l'était pas, ou rendre plus utile une chose qui l'était moins.

Les agents de la production sont :

1° La matière, qui comprend la terre et tous les agents naturels, avec leurs propriétés, qu'il s'agit de découvrir et de rendre utiles à l'homme;

2° Le travail, qui est l'effort de l'une ou de l'autre de nos facultés appliqué à la production. Relativement aux objets sur lesquels il s'applique, le travail se subdivise en travail extractif, agricole, industriel, locomoteur et commercial. Relativement aux facultés qu'il met en jeu, il se divise en travail corporel, affectif, intellectuel. La tendance de chaque homme à faire de préférence ce qu'il peut le mieux faire est le principe de la division du travail.

Toute combinaison de travaux en vue d'un but important à atteindre s'appelle une entreprise.

L'organisation du travail doit se combiner avec la liberté des travailleurs, c'est-à-dire que le groupement nécessaire des efforts productifs doit s'opérer librement;

3° L'épargne, qui est la conservation calculée d'un ou de plusieurs objets utiles ;

4° Le capital, qui est l'ensemble des produits du travail antérieur, accumulés et destinés à rendre plus productif un travail nouveau;

5° La propriété, qui, assurant au travailleur la possession et la libre disposition de son capital acquis, permet l'accroissement continu des capitaux, pour le plus grand avantage de tous.

2.

II.

Circulation des richesses. — La circulation, l'échange, la valeur, la monnaie, le crédit.

Idée générale de la circulation des richesses.

De tout ce que nous venons d'établir, il ressort que les hommes travaillent les uns pour les autres; la possession et la jouissance d'un objet quelconque supposent qu'un nombre considérable de travailleurs en ont extrait, élaboré, transformé la matière, que des capitaux se sont employés à doter des outils nécessaires le travailleur, etc., etc. Or, à chaque degré que l'objet franchit dans ces élaborations successives, celui qui le livre à un autre reçoit la rémunération de son travail, et cette rémunération, à son tour il l'emploie pour payer le travail d'un autre, et ainsi de suite indéfiniment. Ainsi fait, par exemple, le fer, pour aller du mineur au fondeur, du fondeur au constructeur, du constructeur au mécanicien, etc. Supposez qu'on l'arrête à l'une quelconque de ses étapes : on retarde d'autant la série indéfinie des services que, de proche en proche, il doit provoquer dans le milieu social. Le fondeur a tout intérêt à vendre le plus tôt possible son fer ou son acier pour racheter plus vite du minerai, afin que son usine ne demeure pas improductive; et, s'il y réussit, les intérêts du mineur, dont l'extraction ne chôme pas, ne s'en trouvent que mieux. Le pot au lait de Perrette ne se casse pas toujours, et le rêve de l'héroïne de La Fontaine se réalise en somme bien souvent; mais la Perrette d'aujourdui ne se contente pas d'enrichir sa basse-cour ou son étable; elle achète une action ou une obligation de chemin de fer, qui contribue, pour sa petite part, à hâter le moment où les produits de deux contrées voisines passeront à moins de frais de l'une à l'autre; et, du petit au grand, c'est là ce qui enrichit la société. Il faut donc que les produits et que les capitaux aillent le plus vite possible et avec le moins d'interruption possible dans leurs mouvements, aillent, disons-nous, là où ils seront utiles, là où ils rémunéreront un service, qui se fera payer par un autre service.

On appelle *circulation ce mouvement général des richesses passant de main en main dans la société*. Pour en montrer toute l'importance, il suffit de ce simple calcul : supposez un pays où tel produit mette un mois pour accomplir cette circulation qui le fait aller du premier producteur au consommateur, et supposez-en un autre où ce même produit mette six mois : le premier pays pourra produire six fois plus que le second, avec la même somme de capitaux.

L'échange.

La circulation suppose l'échange ; ce dernier terme n'a pas besoin d'être expliqué. Chaque individu, avons-nous dit, aime à consulter ses propres goûts, à travailler à sa manière, selon ses connaissances, ses aptitudes et les conditions que lui fait son milieu. Il résulte de là que les produits se multiplient et varient de plus en plus, mais que de plus en plus chaque producteur a besoin, pour avoir tout ce qu'il désire, du concours des autres producteurs. Il ne peut l'obtenir que par l'échange, qui s'accroît d'autant plus que s'accroît la division du travail ; et c'est ainsi que liberté individuelle et solidarité sociale non seulement s'accordent, mais sont même, suivant le langage des mathématiques, en raison directe l'une de l'autre.

Les conditions principales auxquelles est subordonné l'échange sont les suivantes :

1° Il faut que chacun des objets à échanger soit la propriété de celui qui le détient et le propose à l'autre ;

2° Il faut que les choses soient transmissibles : par exemple, on n'échange pas la santé, l'intelligence ; une nation ne peut pas échanger son sol contre celui d'une nation voisine ;

3° Il faut que les objets diffèrent suffisamment entre eux : plus il y a de diversité dans les produits, plus ils sont faciles à échanger ;

4° On peut ajouter, enfin, que, toutes choses égales d'ailleurs, la facilité des communications, la liberté et la sécurité des transactions ne peuvent que faciliter les échanges, par conséquent, les accroître.

Suite de l'échange : la valeur; l'offre et la demande.

Qu'est-ce qui règle les échanges, autrement dit, détermine la quantité d'objets que vous devez me donner en échange de tel objet, l'étendue des services que vous devez me rendre en échange de tel service ? C'est ce qu'on appelle la *valeur*. Et, en économie politique, on est arrivé à définir la valeur *le rapport qui s'établit par l'échange entre deux ou plusieurs produits ou services.* (LEVASSEUR.)

On peut, si l'on veut, simplifier plus encore la définition. S'il est vrai, comme Bastiat l'a établi, que tout objet livré équivaut, en définitive, à un service rendu, parce qu'il représente un certain travail *fait*, par conséquent *épargné* à celui qui reçoit, on peut dire, avec ce même Bastiat : *La valeur est le rapport de deux services échangés.*

La valeur d'une chose dépend-elle de son utilité ? Pas toujours, il s'en faut même de beaucoup. Rien de plus utile que l'air ; il n'a pas de valeur, parce qu'il est accessible à tous, et que l'acte de le respirer ne peut donner lieu à aucun échange de services. L'eau de la fontaine où je puise de quoi boire a toujours pour moi la même utilité, qu'elle soit près ou qu'elle soit loin. Apportée chez moi dans un seau, elle a plus ou moins de valeur, suivant que, la source étant plus éloignée ou plus proche, celui qui a fait pour moi le double voyage m'a épargné plus ou moins de peine ou de perte de temps, m'a rendu plus ou moins service.

La valeur dépend-elle donc du travail accompli? Ici encore il faut dire *pas toujours*. Car enfin, c'est à vous de mesurer votre travail à l'étendue des services qu'il peut rendre. Si vous vous êtes donné beaucoup de mal, en pure perte, en travaillant à contresens, la société est-elle obligée de réparer votre erreur? Ceux qui, actuellement, font fouiller les montagnes du Cap ou celles de l'Inde pour y trouver le diamant, rendent un grand service à ceux qui sont si avides de le posséder. Du jour où l'on trouverait le moyen de fabriquer le diamant avec du charbon, par des procédés relativement peu coûteux de laboratoire, les mines du Cap ou de l'Himalaya perdraient à peu près toute leur valeur.

« Une foule de circonstances peuvent augmenter l'importance relative (donc la *valeur*) d'un service. Nous le trouvons plus ou moins grand selon qu'il nous est plus ou moins utile, que plus ou moins de personnes sont disposées à nous le rendre, qu'il exige plus ou moins de travail, de peine, d'habileté, de temps, d'études préalables, qu'il nous en épargne plus ou moins à nous-mêmes. Non seulement la valeur dépend de ces circonstances (combinées), mais encore du jugement que nous en portons : car il peut arriver, et il arrive souvent, que nous estimons très haut un service, parce que nous le jugeons fort utile, tandis qu'en réalité il nous est nuisible. C'est pour cela que la vanité, l'ignorance, l'erreur, ont leur part d'influence sur ce rapport essentiellement élastique et mobile que nous nommons *valeur;* et l'on peut affirmer que l'appréciation des services tend à se rapprocher d'autant plus de la vérité et de la justice absolues, que les hommes s'éclairent, se moralisent et se perfectionnent davantage. » (BASTIAT [1].)

L'échange des produits est généralement précédé d'un double phénomène qui exerce une action considérable sur la détermination des valeurs : d'un côté, l'*offre* du produit par ceux qui, le détenant, cherchent à le placer le plus avantageusement possible ; d'un autre, la *demande* de ce même produit par ceux qui en ont besoin, qui le désirent avec plus ou moins de vivacité, et qui sont en mesure de consentir, pour l'obtenir, à des sacrifices plus ou moins grands. Cette espèce de lutte ou de concours des vendeurs et des acheteurs amène entre les uns et les autres une transaction, qui fixe ce qu'on appelle le *prix* de l'objet, c'est-à-dire la quantité de monnaie que nous donnons pour l'avoir, en raison de sa valeur.

On a coutume de résumer les lois fondamentales de l'offre et de la demande en disant : que *la valeur est en raison di-*

---

1. Cet éminent économiste a donc eu parfaitement raison de distinguer la valeur de la richesse : car il y a, grâce à Dieu et aux progrès de l'humanité, bien des richesses placées, pour ainsi dire, en dehors de la valeur. La valeur est le signe de l'effort opéré pour arriver à la richesse en triomphant de l'obstacle qui nous en éloigne ; mais n'est-il pas de richesses gratuites ou devenues telles ? Un système d'irrigation naturel ou qui a payé tous ses frais n'est-il pas une richesse pour un pays, tout aussi bien qu'un sytème d'irrigation artificiel et coûteux dont les riverains sont obligés de payer la valeur ?

recte de la demande et en raison *inverse de l'offre* ; en d'autres
termes, qu'un produit se vend d'autant plus cher qu'il est
plus demandé, d'autant moins cher qu'il est plus offert.

Lois qui président à la fixation des prix. Prix courant.
Prix de revient.

Sur quoi se fondent les détenteurs d'un produit pour l'offrir
à un prix ou à un autre? On peut répondre, sur sa valeur, sans
doute. Mais, indépendamment des influences multiples que
nous venons d'analyser, il en est une qui pèse d'une façon
plus permanente sur les *offres* : c'est ce qu'on appelle le *prix
de revient*.

Le mot est facile à comprendre : le prix de revient, c'est le
prix auquel un article quelconque revient à son producteur ou
détenteur, le prix qu'il lui a coûté, et qu'il a été obligé de dé-
bourser, au moment où il va le livrer à l'acheteur. C'est le surplus qui constitue son bénéfice, la rémunération de sa peine,
de sa prévoyance et de son talent.

Un agriculteur, par exemple, calcule ce que lui coûtent son
fermage, ses frais de culture, ses engrais, ses assurances, ses
achats de semaille, l'amortissement de son matériel ; or, il peut
arriver ainsi à établir le prix de revient de chacun des hecto-
litres de blé qu'il récolte.

Lorsque le prix de revient d'une denrée ou d'un produit
manufacturé peut s'établir à un certain taux moyen dans un
pays, sur une place, cette moyenne tend évidemment à s'imposer dans les transactions entre les acheteurs et les vendeurs.
Il en résulte un certain *prix courant* qui représente à peu près
le prix de revient plus le bénéfice.

Dès lors il est aisé de prévoir que tous les efforts du producteur tendront à diminuer son prix de revient : car plus il
le diminuera par l'économie, par l'invention de nouveaux procédés, par le choix judicieux et le bon achat de ses matières
premières, plus il accroîtra son bénéfice.

Lorsqu'un certain nombre de vendeurs ont ainsi augmenté
leur bénéfice en diminuant leur prix de revient, la concurrence ne tarde pas à faire baisser le prix courant, et c'est le
consommateur qui en profite. De nouveaux efforts seront ensuite faits par les producteurs plus actifs et plus ambitieux.

Ce sont là les luttes, ce sont là les chances de l'industrie et du commerce ; c'est là aussi qu'est la source de leurs progrès incessants.

Concurrence. Monopole.

Qu'est-ce que cette concurrence dont nous venons de parler? C'est la *rivalité des efforts que font les producteurs ou détenteurs d'un produit pour arriver à l'offrir avec plus de chances de le voir demandé ou accepté.*

Or, que faut-il pour que le produit offert par un tel ait plus de chances d'être acheté que ceux de ses concurrents ? 1° qu'il soit meilleur, c'est-à-dire plus beau, plus solide, plus commode ; 2° qu'il soit moins coûteux ; 3° qu'il soit plus connu, plus facile à trouver, plus à la portée de l'acheteur, à tout moment où il peut en avoir besoin.

La concurrence s'applique-t-elle partout à perfectionner à la fois ces trois conditions ? Elle le devrait, et ceux qui y réussissent touchent à la perfection. Mais très souvent les uns se contentent de donner très beau (ils le peuvent quand il s'agit uniquement d'objets de luxe, achetés par un petit nombre de personnes) ; d'autres sacrifient la qualité au bon marché. D'autres, enfin, s'ingénient par la publicité, par la variété et la constance des offres, par le groupement et l'étalage des marchandises, par les facilités de livraison, à se faire demander en abondance ce que leurs concurrents gardent chez eux.

La concurrence est le résultat de la liberté, et elle a pour principale conséquence l'avantage des consommateurs.

En quelques circonstances pourtant, le monopole supprime la concurrence ; on appelle *monopole le privilège attribué par le gouvernement à une personne ou à une compagnie d'être seule à exercer dans le pays tout entier une industrie déterminée.*

On a pu autrefois conférer des monopoles dans l'espérance de voir les produits mieux fabriqués en étant soustraits à la recherche exagérée du bon marché. C'est là une raison qu'on n'admettrait plus aujourd'hui : elle ne paraît plus être conforme ni aux exigences de la liberté ni à la connaissance complète des effets de la concurrence. On n'admet plus guère de monopole que dans deux cas :

1° Quand la nature même de l'industrie rend la concurrence

impossible sans gaspillage. Ainsi la concurrence en matière de chemins de fer est difficile à comprendre; on ne peut pas construire des lignes rivales à volonté, pour beaucoup de raisons, dont la suivante : c'est que d'un point à un autre il n'y a qu'un chemin qui soit le plus court;

2° Quand il s'agit de procurer à l'État une ressource considérable, et qu'on estime préférable à d'autres impôts. Tel est en France le monopole du tabac.

La monnaie.

Si les objets devaient s'échanger en nature, comme dans les temps primitifs, les transactions seraient difficiles. La monnaie obvie à cet inconvénient : car *la monnaie est une matière qui, servant d'équivalent à tous les produits, est un intermédiaire d'échange universel et la commune mesure de toute valeur.* Ces propriétés de la monnaie sont-elles le résultat d'une pure convention ? Nullement. Toute matière n'est point apte à servir utilement de monnaie.

1° Il faut qu'elle ait une valeur réelle : aucune convention, aucune loi, aucun despotisme, ne sauraient convertir en monnaie les cailloux ; 2° il faut que cette valeur, sans être absolument immuable, ce qui serait impossible, soit stable : si le blé, par exemple, était adopté comme monnaie, une série de mauvais temps, des inondations, une invasion de sauterelles, ... en changeraient du jour au lendemain la valeur ; les transactions n'auraient pas assez de sécurité ; 3° il faut que cette matière soit aisément divisible, afin de se prêter aux échanges les plus divers, de permettre autant d'exactitude et de précision qu'il est possible dans la détermination des prix ; 4° il faut qu'elle soit d'un transport aisé ; 5° qu'elle soit d'une valeur facile à constater. Telles sont du moins les conditions principales que doit remplir toute monnaie, et il n'est pas besoin d'insister pour établir que nulle matière ne les remplissait toutes aussi bien que l'or et l'argent.

L'or et l'argent ne sont donc pas, comme on l'a prétendu quelquefois, de purs signes représentatifs; ils constituent eux-mêmes une valeur stable, facile à analyser et à reconnaître, utile par elle-même, qui, par conséquent, ne peut pas être impunément modifiée ou faussée : « elle n'a de signe que l'empreinte qu'elle porte », et qui fait connaître la nature, la composition et le poids dont elle tient sa valeur.

Ce que nous venons d'exposer permet de répondre à la question souvent débattue : *la monnaie est-elle une marchandise?* On appelle *marchandise* tout ce qui peut être objet de commerce, tout ce qui est susceptible de se vendre et de s'acheter. Or, il est évident que l'or, l'argent, les métaux précieux, dont on se sert pour fabriquer la monnaie, sont des objets qui se vendent et qui s'achètent pour leur valeur propre; il est superflu de rappeler l'usage qu'en font les bijoutiers, les orfèvres, les décorateurs.

Une fois convertis en monnaie, les métaux précieux servent, il est vrai, de moyen d'échange entre toutes les marchandises, quelles qu'elles soient, entre tous les produits de la nature ou de l'industrie. Mais, encore une fois, ce second caractère n'efface pas le premier. L'or et l'argent ne servent à échanger les marchandises que parce qu'ils sont eux-mêmes une marchandise, une marchandise qui, comme nous l'avons dit, est précieuse, d'une valeur très peu changeante, facile à diviser, à transporter, à encaisser, à accumuler.

Principales espèces de monnaie. Titre et tolérance.

Les principaux métaux avec lesquels se fabrique la monnaie sont l'or et l'argent. Chaque pièce d'or ou d'argent a une valeur *nominale,* c'est-à-dire fixée par l'autorité du pays où elle a cours; elle a aussi une valeur réelle ou *intrinsèque,* provenant de la matière dont elle est formée et de l'abondance ou de la rareté actuelle de cette matière. Hors du pays où elle a été émise, une pièce de monnaie n'est acceptée (à moins de conventions spéciales) que pour sa valeur intrinsèque. En France, une pièce dite de 20 francs vaut toujours 20 francs; elle peut avoir une valeur plus ou moins grande dans divers pays, suivant qu'elle aura plus d'or ou moins d'or que les pièces équivalentes usitées dans ce pays.

On appelle *titre* d'une pièce de monnaie la quantité pure du métal principal avec lequel elle est faite, et dont elle porte le nom. En France, les pièces d'or et d'argent sont au titre de 9 dixièmes : cela veut dire qu'elles contiennent 9 dixièmes d'or ou d'argent fin et 1 dixième de cuivre, pour les nécessités de l'alliage.

On appelle *tolérance* ce que la loi permet de donner aux monnaies d'or et d'argent en plus ou en moins du titre réel ou du poids réel. Chez nous, il y a une tolérance de 2 millièmes en dessus et en dessous pour l'or, de 3 millièmes pour l'argent.

On appelle aujourd'hui *monnaie de billon* une troisième espèce de monnaie faite de bronze, avec des proportions variables de cuivre (il est question d'en faire avec du nickel). Cette monnaie, étant plus pesante et plus encombrante, ne peut servir que pour les petites sommes ou les fractions : elle ne sert, dit-on, que d'*appoint* pour compléter un payement. Ces pièces de monnaie ont, d'ailleurs, une valeur intrinsèque sensiblement moindre que leur valeur nominale, ce qui suffirait à expliquer l'usage limité qu'on en fait dans les conventions.

On peut en dire autant de la monnaie divisionnaire d'argent, c'est-à-dire des pièces de vingt centimes, de cinquante centimes, de un franc et de deux francs.

Nul n'est tenu d'accepter en payement ces deux dernières espèces de monnaie, si ce n'est comme appoint.

Système monétaire. Monométallisme et bimétallisme. Union latine.

On entend généralement par *étalon*, dans l'ordre économique, le modèle des poids ou des mesures reconnus par la loi. L'étalon monétaire doit donc être une pièce de monnaie d'un métal et d'un titre déterminé. Les pièces de monnaie identiques auront seules un cours légal dans le pays et seront exigibles dans les payements; les autres ne seront reconnues que comme monnaie divisionnaire ou n'auront d'autre valeur que la valeur variable qu'elles devront à la quantité de métal utilisable qu'elles pourront offrir à l'art ou à l'industrie.

Un pays peut avoir un seul étalon monétaire, qui sera ou l'étalon d'or ou l'étalon d'argent. Il peut avoir deux étalons, or et argent. Le premier de ces deux *systèmes monétaires* s'appelle *monométallisme* (métal unique,); le second s'appelle *bimétallisme* (métal double).

L'Angleterre est sous le régime du monométallisme et de l'étalon d'or; la France est sous le régime du double étalon.

Cette diversité de régimes entre nations dont les rapports commerciaux vont toujours en augmentant ne laisse pas que d'avoir certains inconvénients pour les transactions. C'est pour les atténuer que certains États contractent entre eux des *conventions monétaires* ; ces conventions déterminent la valeur ou la quantité des pièces de monnaie régulièrement échangeables entre les divers pays ayant pris part à la convention.

Ainsi la France, la Belgique, la Suisse, l'Italie, la Grèce, forment entre elles ce qu'on nomme l'*Union latine*. Aux termes de cette union, ces États ont d'abord limité la quantité de monnaie que chacun pouvait frapper chaque année ; puis ils se sont engagés à suspendre absolument le monnayage de l'argent à partir de 1878 [1].

Le crédit.

Si commode pourtant que soit la monnaie, les peuples modernes ont trouvé qu'elle ne se transportait pas encore assez facilement, qu'elle s'altérait encore trop par la circulation et le frottement, et surtout qu'elle ne suffisait pas à l'accroissement continu des échanges. On a donc inventé, sous des formes différentes (lettre de change, billet à ordre, billet de banque, traite sur les particuliers, traite sur les banquiers ou chèque), ce qu'on a appelé du *papier de crédit*. Ici, nous n'avons plus véritablement qu'un signe représentatif, n'ayant par lui-même aucune valeur, mais représentant la valeur de la monnaie qu'en définitive quelqu'un (l'État, un banquier, le particulier qui a accepté la traite) s'est engagé à livrer. Plus la confiance est grande et solidement justifiée dans l'honnêteté et la sûreté des transactions, plus il est aisé de faire circuler ces signes représentatifs et d'ajourner le moment où ils seront convertis en vraie monnaie, ce qui épargne d'autant cette dernière. Mais nous touchons ici à un fait nouveau, le crédit.

Le *crédit est l'acte de confiance par lequel les détenteurs de capitaux en font l'avance ou les prêtent, sous promesse et ga-*

---

1. L'*Union latine* a été constituée et organisée par un certain nombre de conventions successives. La première (23 décembre 1865) stipule que les États désignés se constituent « à l'état d'Union pour ce qui regarde le poids, le titre, le module et le cours de leurs espèces d'or ou d'argent ». Un autre article stipule que « les parties contractantes s'engagent à recevoir sans distinction dans leurs caisses publiques toutes leurs pièces d'or et d'argent ». Cette Union est temporaire et on en prévoit la fin prochaine.

rantie de remboursement futur. Tantôt on prête sur simple obligation, tantôt sur gage, et ce gage peut être soit en marchandises, soit en immeubles, soit en valeurs déposées, etc. Rien ne contribue autant que le crédit à faire circuler les capitaux et à leur faire produire toute leur action utile et bienfaisante.

Ne vaudrait-il pas mieux, dira-t-on, que chacun fît valoir soi-même ses propres capitaux, et que chacun ne risquât que les siens ? Il peut le sembler au premier abord. Mais supposons qu'en effet toutes les transactions se fassent argent contre produit, que les entreprises soient exclusivement alimentées par les capitaux de ceux qui les ont fondées et les dirigent, qu'arriverait-il ?

1° Le capital qui ne travaillerait pas ne produirait rien. Qu'on ne se hâte pas de dire : Ce serait plus moral ! Les femmes, les enfants, les gens malades, ceux qui se vouent aux travaux intellectuels, aux professions libérales, ceux qui sont arrivés à l'âge du repos, verraient leurs capitaux stériles. Ceux qui en ont trop peu pour en tirer bon parti par leur travail personnel, ceux qui en ont trop pour pouvoir les exploiter à eux seuls, seraient dans le même cas. Les grandes industries, les grands travaux, seraient impossibles, du moins pour les particuliers.

2° Le travail qui n'aurait point de capital, ou n'aurait qu'un capital insuffisant, serait réduit à des efforts décousus, sans étendue et sans méthode.

Le capital et le travail risqueraient ainsi de chômer tous les deux. « Si un fabricant de drap, dit J. B. Say, ne vendait pas ses draps à crédit au marchand de draps, l'étoffe attendrait dans la manufacture. La confiance accordée met plus vite cette étoffe entre les mains du consommateur [1]. Si un droguiste ne vendait pas à crédit au teinturier, et si le teinturier, en vertu de cette facilité, ne teignait pas à crédit pour le fabricant d'étoffes, celui-ci, faute d'avances, serait peut-être forcé de suspendre sa fabrication jusqu'à ce que ses produits fussent écoulés : d'où il résulterait que la portion de son capital qui

---

1. Elle la met d'abord dans les mains du négociant en gros qui, ayant un crédit de trois mois du fabricant, peut en faire un d'égale durée au tailleur.

est en marchandises à moitié manufacturées, en métiers, en ateliers, chômerait en tout ou en partie. »

Dans l'état actuel du monde économique, qu'arrive-t-il ? Comme le dit parfaitement M. Baudrillart, les capitaux peuvent passer « des mains oisives en des mains disposées et aptes à les féconder ». Soit par prêts directs, soit par concentrations dans les établissements de crédit appelés *banques*, qui, à leur tour, font les prêts et les surveillent, soit par placements sous forme d'actions, obligations, etc., il n'est si petite épargne qui ne puisse trouver son emploi, donc sa rémunération. La richesse accumulée et la richesse en voie de formation s'associent pour que nul capital ne reste improductif, et pour que nul travail (c'est là du moins le but qu'on poursuit, et dont on s'approche de plus en plus dans les sociétés honnêtes et pacifiques) ne soit privé du concours du capital.

Mais, qu'on le remarque bien, le crédit, par lui-même, ne crée pas la richesse ; il met seulement en présence et en concours le capital et le travail, ou pour mieux dire les fruits du travail antérieur et l'action du travail actuel. Là où il n'y a pas tout à la fois capital vraiment disponible chez le prêteur, travail suffisamment productif chez l'emprunteur, le crédit n'est qu'une fiction périlleuse. A mesure que le travail national produit davantage, le crédit peut faire circuler et placer avantageusement les produits : il ne saurait jamais faire exister plus de produits que le travail n'en crée. En somme, c'est toujours le travail qui est le principe et la source par excellence de la richesse : c'est du travail que, en économie politique, tout dépend, même ce qui vient lui donner plus de facilité, plus de ressources et plus d'action.

Crédit privé : commerce de banque.

Il s'agit maintenant d'exposer plus en détail le mécanisme du crédit. Distinguons d'abord le *crédit privé*, c'est-à-dire celui qui préside aux opérations des particuliers, et le *crédit public*, qui donne à un État le moyen de se procurer des ressources par l'emprunt, quand ses ressources ordinaires ne lui suffisent pas.

Le crédit privé est organisé par les *Banques*. Une banque est une entreprise commerciale dont les opérations consistent à vendre et à acheter, non pas des produits, mais ce qui sert à les échanger, c'est-à-dire de l'argent. Une banque reçoit, accumule, avance et fait circuler soit de la monnaie, soit l'une ou l'autre de ces promesses de payement qui en tiennent lieu, c'est-à-dire de ces papiers de crédit dont nous avons parlé plus haut, et qu'on appelle encore *effets de commerce*.

Les principaux effets de commerce ne sont guère que des variétés de la *lettre de change*.

La lettre de change est un ordre de payer une somme due, à une époque, à une adresse et par une personne déterminées. Vous avez livré, par exemple, une marchandise pour laquelle il vous est dû mille francs. Vous *tirez* sur celui qui vous doit la somme une lettre de change, énonçant : 1° la somme à payer; 2° le nom de celui qui doit payer; 3° l'époque et le lieu où le payement doit s'effectuer; 4° la valeur (espèces, marchandises, travaux) dont ladite somme est le payement ou le remboursement. Le droit à toucher mille francs, vous pouvez le transmettre à quiconque aura confiance en vous et en celui sur qui vous tirez. Si, en effet, le *tiré* ne paye pas, le *tireur* reste responsable et doit payer d'une autre manière le créancier auquel il avait remis la lettre de change. On voit par là qu'une lettre de change, donnant tout de suite droit sur deux personnes, offre déjà des garanties, qui en font un précieux moyen d'échange et de payement.

Mais la personne à qui vous avez remis une lettre de change de mille francs pour lui payer mille francs que vous lui devez, peut, de son côté, avoir mille francs à payer. Elle pourra transmettre, à son tour, cette même lettre de change, et céder le droit que vous lui avez cédé vous-même. Comme vous êtes responsable à son égard, elle aussi, par sa seule signature, se rend responsable vis-à-vis de celui auquel elle passe la lettre de change. L'effet peut ainsi se transmettre de main en main jusqu'à l'époque assignée pour le payement définitif. Chacun de ceux qui reçoivent et qui transmettent ainsi la lettre de change peut faire des affaires sans opérer aucun déplacement d'argent monnayé; et plus un effet porte de signatures de personnes l'ayant transmis, plus il acquiert de valeur et de solidité, chaque signature constituant une garantie de plus.

L'acte par lequel le porteur d'une lettre de change en trans-

met la propriété à une autre personne s'appelle *endossement* :
le mot vient de ce que le nouvel ordre de payer s'écrit au *dos*
de la lettre. Tout endosseur s'engage à payer personnellement,
à défaut de celui auquel doit aboutir la lettre et à défaut des
endosseurs qui ont précédé. Mais, après avoir payé, il a recours
contre ceux-là, c'est-à-dire qu'il a droit à se faire rembourser
par eux.

On voit par là quelles facilités la lettre de change donne au
commerce. Supposez une lettre de change tirée à quatre-
vingt-dix jours, c'est-à-dire fixant l'époque du payement au
quatre-vingt-dixième jour après la signature. Elle peut circuler de main en main, permettant à chacun de ceux qui se la
passent de conclure une affaire sans être obligé de mettre des
fonds en mouvement, de les envoyer d'une ville dans une autre
pour en faire revenir ensuite l'équivalent.

Très souvent, c'est votre débiteur qui vous aura signé lui-
même la promesse de vous payer une somme soit à vous-
même, soit *à votre ordre*, à une époque fixée. C'est ce qu'on
appelle un *billet à ordre*. Vous pouvez transmettre et faire
circuler le billet à ordre comme la lettre de change.

Si vous avez de l'argent déposé, vous pouvez signer et délivrer à qui vous voulez l'autorisation d'en toucher une fraction
quelconque. C'est ce qu'on appelle un *chèque*. Le chèque peut
aussi s'endosser et se transmettre.

On appelle maintenant du nom de *Banques* des établissements dont le rôle principal et *essentiel* est de faciliter entre
les négociants l'échange des effets de commerce. Disséminés
sur tous les points du territoire, les négociants ne peuvent pas
se connaître tous entre eux. Le banquier établi dans une ville
se charge des effets de commerce tirés par les négociants de
sa ville ou sur eux : c'est lui qui vérifie les signatures et s'assure de la solvabilité des signataires. Comme c'est là son métier, comme il a dû réunir, pour le faire, des capitaux importants, et qu'il est connu, son intervention augmente la confiance,
encourage l'emploi de ces moyens de crédit dont nous avons
démontré l'immense utilité.

Le banquier rend encore d'autres services : il *escompte* les
effets de commerce, ce qui veut dire que, moyennant un intérêt
calculé sur les délais d'échéance, il vous paye la somme avant
l'échéance fixée de la lettre de change ou du billet.

Le banquier reçoit le plus souvent, à titre de dépôt, des capitaux dont il paye un intérêt. Les sommes qu'il centralise ainsi en les recevant de différentes mains, il les fait fructifier en les avançant au commerce et à l'industrie.

Différentes espèces de banques : les banques d'émission et le billet de banque. Circulation fiduciaire.

On distingue plusieurs espèces de banques. Il y en a qui sont simplement des *Banques d'escompte*, c'est-à-dire qui se bornent à payer d'avance, moyennant intérêt, autrement dit à escompter les effets de commerce.

Il y a des *Banques de dépôt*, qui reçoivent les fonds d'un certain nombre de clients en affaires les uns avec les autres, et qui se chargent de régler les comptes mutuels de ces clients à mesure que l'un devient débiteur de l'autre. Jean, Paul, Jacques, ont chacun, supposons-le, un *compte-courant* à la banque de dépôt. Or, Jean devient aujourd'hui débiteur de Jacques pour une somme de dix mille francs : il autorise la Banque à faire passer ou *virer* ladite somme de son *avoir* à celui de Jacques, qui le lendemain en fera peut-être autant pour Paul... On règle ainsi dans le courant d'une année de grosses et nombreuses affaires sans remuer un centime, et uniquement avec quelques écritures.

On appelle *Banques d'émission* celles qui sont autorisées à faire et à émettre des *Billets de banque*. Les billets de banque sont des billets payables *à vue* et *au porteur* par la banque qui les a émis. Ils peuvent donc se transmettre de main en main sans formalités, sans responsabilité, sans nécessité de subir un délai pour le payement en espèces, tandis que les effets de commerce ordinaires ne sont payables qu'à une échéance déterminée et ne sont transmissibles qu'à la condition d'un endossement, qui engage la responsabilité de l'endosseur.

Malgré ces différences considérables et toutes à l'avantage des billets de banque, il y a entre ces billets et les effets de de commerce un rapport intime, une solidarité étroite. La banque d'émission, en effet, reçoit des effets de commerce, qu'elle se charge d'encaisser. Cet ensemble d'effets, qu'elle garde jusqu'à l'échéance, constitue ce qu'on appelle le *Porte-feuille* d'une banque ; et il sert de garantie à la masse des billets qu'elle a émis, et qui *circulent* (d'où le nom de *circulation* donné à la quantité des billets émis).

Les billets de banque ont encore une autre garantie dans l'or et l'argent détenus par la banque, et qui forment son *Encaisse*.

Quand une banque est solide, puissante, bien administrée, bien connue pour n'admettre que des effets de commerce garantis par les signatures de personnes solvables, le crédit dont elle jouit fait compter ses billets comme de l'or ou de l'argent. Chacun compte si bien sur le payement en espèces qu'on ajourne indéfiniment la substitution des espèces au billet, et qu'on ne le fait généralement que lorsque l'on veut diviser la valeur de ce billet et en avoir « la monnaie ».

C'est là ce qu'on nomme la circulation *fiduciaire* (du mot latin *fiducia*, qui veut dire *confiance*) : ces effets ou billets, qui circulent de main en main, sont acceptés comme promesses de payement réel, et ils ne sont ainsi acceptés qu'en raison de la confiance que l'on a dans la certitude de ce payement.

La Banque de France. Cours légal et cours forcé.

Une banque publique est une banque formée par une association de capitaux et administrée par une compagnie à laquelle, sous certaines conditions, l'État donne divers privilèges.

Le principal de ces privilèges est le droit d'émettre les *Billets de banque.*

En France ce privilège est accordé à un seul établissement, qui est la *Banque de France.*

Cette Banque a son siège à Paris ; mais elle a aujourd'hui des succursales dans tous les chefs-lieux de département et dans un certain nombre d'autres villes. Son capital est divisé en 182 500 parts ou actions, qui appartiennent à des particuliers. Elle escompte les effets de commerce dont l'échéance ne dépasse pas quatre-vingt-dix jours, et qui sont revêtus d'au moins trois signatures. Elle fait des avances de fonds contre dépôt de matières d'or ou d'argent ou de titres dont la valeur et la solidité sont reconnues. Elle fait également des avances au Trésor public. Son Gouverneur et son Sous-Gouverneur sont nommés par l'État. Elle est tenue de présenter publiquement chaque année le compte rendu de ses opérations ; et

3.

chaque semaine elle publie ce qu'on appelle son *bilan*. Chacun peut s'y rendre compte des ressources qu'elle présente, de l'usage qu'en fait le commerce, des signes que l'on y trouve de l'activité des affaires, etc.

Le privilège dont elle jouit doit aller jusqu'en 1897. A cette époque, il pourra être renouvelé, mais après une entente préa-lable avec l'État, et sous des conditions qui auront reçu l'ap-probation des pouvoirs publics.

Lorsqu'un État se trouve aux prises avec des difficultés financières extraordinaires, comme en un temps de révolution, ou immédiatement après une grande guerre, il peut arriver que le remboursement des billets en espèces devienne difficile. L'or et l'argent se sont cachés : tout le monde a voulu se faire rem-bourser à la fois, par suite d'une panique universelle, ou bien il a fallu exporter des quantités de numéraire considérables, pour payer une indemnité de guerre à l'étranger victorieux (c'était malheureusement notre cas en 1871). Dans de pareilles conjonctures, la valeur des billets de banque peut osciller, comme oscille la valeur de créances dont les chances de rem-boursement varient. L'État se décide alors à ordonner que le billet aura *cours forcé*, c'est-à-dire que chacun sera tenu de recevoir les billets en payement, comme argent comptant, et de les recevoir au *cours légal*, c'est-à-dire sans dépréciation ; le billet de cent francs, par exemple, continue à valoir légale-ment cent francs, alors que la crainte de voir retarder les payements en espèces lui a enlevé dans l'opinion une partie de sa valeur. Une pareille situation ne peut jamais se prolonger sans danger. Elle est surtout très dommageable pour le com-merce extérieur, puisque les peuples étrangers n'acceptent d'un autre peuple que de l'or et de l'argent, et qu'un État peut bien décréter le cours forcé de ses billets chez lui, mais non chez les autres.

Crédit immobilier, crédit mobilier.

Il est extrêmement rare qu'on fasse *crédit* à quelqu'un sans avoir une garantie de remboursement, un gage. Le gage est tantôt une valeur *mobilière*, tantôt une valeur *immobilière*[1].

---

1. C'est-à-dire un immeuble, un domaine rural, un champ, une vigne, un pré, une maison.

On a vu plus haut que la Banque de France fait des *avances sur titres*, c'est-à-dire que si l'on dépose chez elle un titre de rente, une ou plusieurs actions de chemin de fer, etc., elle vous prête une partie de la valeur, moyennant un certain intérêt. Elle se réserve, bien entendu, si vous ne tenez pas vos engagements, de se rembourser elle-même sur votre titre. Lorsque le taux de son avance ou l'intérêt qu'elle exige est moindre que le revenu du titre déposé, ce moyen de se procurer de l'argent ne laisse pas que d'être précieux.

Les banques privées font aussi très souvent des avances sur titres.

Le négociant qui a besoin d'argent pour préparer ou conclure de nouvelles affaires, peut encore s'en procurer en déposant dans des *Magasins Généraux*, institués à cet effet, soit des matières premières, soit des marchandises. Ces magasins lui donnent un certificat de dépôt appelé *warrant* (d'un mot anglais qui veut dire *garantie*); le certificat peut se négocier comme un effet de commerce, celui qui donne de l'argent contre la remise du warrant ayant pour garantie les marchandises déposées.

Il est, enfin, un moyen de crédit à la portée des classes pauvres et laborieuses : c'est ce qu'on appelle le *Mont-de-Piété*, prêtant sur dépôt de meubles proprement dits.

Il s'est créé en Europe et particulièrement en France, dans la seconde moitié de ce siècle, des établissements qui ont pris le nom de *Crédit mobilier*. Le « Crédit mobilier » français s'applique principalement à favoriser la création et la circulation des valeurs mobilières en prenant part aux emprunts publics, aux fondations de Compagnies industrielles ou commerciales.

On appelle *Crédit immobilier* le crédit accordé à ceux qui donnent des immeubles en gage. Tel est le caractère des emprunts et des placements hypothécaires : *l'hypothèque* étant un droit que le propriétaire d'un immeuble confère sur cet immeuble à la personne qui lui avance une somme d'argent déterminée.

Le prêt hypothécaire est pratiqué sur une large échelle par les sociétés de *crédit foncier*. Le *Crédit foncier* de France, par exemple, établissement autorisé et surveillé par l'État, recueille des capitaux auxquels il sert un intérêt; ces capitaux, il les prête ensuite à quiconque peut offrir en gage une propriété immobilière (maison, domaine rural). Le prêt n'excède pas la moitié de la valeur; l'emprunteur paye un intérêt annuel, auquel s'ajoute une somme, qui, répétée un certain nombre d'années, doit *amortir*, c'est-à-dire rembourser complètement sa dette. Cette facilité d'éteindre sa dette par *annuités*, sans avoir à trouver d'un seul coup une grosse somme, est une facilité précieuse. Elle ne peut guère être fournie que par un établissement considérable, faisant de vastes opérations et pouvant ainsi tirer parti des capitaux formés par l'accumulation de petites sommes.

La théorie des annuités et des obligations (Chemins de fer).

Cette théorie des annuités, dont on vient de voir le mécanisme très simple, est appliquée, d'une certaine manière, par les sociétés de crédit, les compagnies, les villes, les départements, et même l'État, pour éteindre certaines dettes. On appelle, par exemple, *obligations* les valeurs émises par le Crédit foncier, par les compagnies de chemin de fer, pour faire face à leurs dépenses. Ces obligations portent naturellement intérêt; mais, de plus, chaque année, il est tiré au sort un certain nombre de numéros correspondant à certaines obligations. Ces obligations-là sont remboursées, et elles le sont habituellement avec une *prime*, c'est-à-dire avec une légère augmentation du capital primitivement versé. Les compagnies, sociétés, communes..., remboursent ainsi le capital qu'elles ont emprunté et se libèrent par des prélèvements annuels sur leurs ressources ou bénéfices, c'est-à-dire par annuités.

Nous allons retrouver ce procédé dans l'organisation du crédit public.

Crédit public. Ses bases. Emprunts de l'État.
Rentes amortissables. Conversion des dettes publiques.

Le *crédit public* est la facilité plus ou moins grande qu'a un État de se procurer par l'emprunt les sommes qu'il juge lui être nécessaires, et qu'il ne veut pas ou ne peut pas demander à l'impôt annuel.

Celui qui prête son argent demande, en général, un intérêt d'autant plus élevé qu'il a plus de risques à courir. On se contente plus volontiers d'un moindre intérêt dans un placement qu'on sait être de tout repos. Or, quelles garanties un État offre-t-il quand il emprunte à des particuliers? La garantie de son propre budget, des ressources qui l'alimentent, et, plus généralement encore, de la richesse collective de la nation. Un État dont les impôts se perçoivent avec facilité, dont le budget n'est pas trop lourd, et qui a toujours fait face à ses engagements, trouve du crédit à bon compte. Un peuple qui a de la peine à obtenir de ses impôts le rendement sur lequel il compte, un pays dont les guerres et les révolutions ruinent périodiquement les industries, le commerce ou la culture, un État qui prend des moyens détournés et peu loyaux pour diminuer les sommes dont il doit à ses créanciers le remboursement ou tout au moins l'intérêt, ne peuvent évidemment pas trouver de l'argent à des conditions aussi avantageuses. On exige d'eux des garanties, comme la cession d'un monopole, la perception de certains droits de douane dans un port déterminé; on demande, en outre, un intérêt plus élevé.

Quand un État emprunte, il peut ou s'adresser à de gros banquiers ou s'adresser directement au public lui-même. Les simples particuliers peuvent alors *souscrire*, c'est-à-dire s'engager à verser telles ou telles sommes dans les délais indiqués. L'État leur délivre en échange un titre de rente donnant droit à des intérêts fixes, régulièrement payés.

Généralement, l'État ne paye que des intérêts, et le remboursement du capital n'est pas exigible de sa part. Le prêteur n'en a pas moins les moyens de rentrer en possession de ce capital en le cédant à un tiers. L'État subsistant toujours et demeurant toujours responsable des intérêts, le titre est toujours négociable et transmissible. La valeur de ce titre augmente ou diminue suivant qu'augmente ou diminue le crédit de l'État. Cette augmentation ou cette diminution sont, d'ailleurs, relatives à une foule de circonstances, et particulièrement à la situation plus ou moins favorable du crédit privé, qui attire aussi, de son côté, les capitaux, aux besoins du commerce et de l'industrie, à l'abondance ou à la rareté des capitaux.

Si le remboursement du capital par l'État n'est pas exigible, l'État se réserve cependant d'amortir sa dette et de rembourser. Tantôt il achète des titres de rente et les détruit, ce qui diminue d'autant les intérêts annuels de sa dette; tantôt il décide et fait connaître par avance que les souscripteurs de cet emprunt seront appelés au remboursement de leurs titres par tirages au sort annuels, de telle sorte que, par exemple, l'emprunt tout entier se trouvera remboursé en trente, cinquante, soixante-quinze ans... C'est ce qu'on appelle de la *rente amortissable*.

D'autres fois l'État *convertit* sa dette, lorsque l'amélioration de son crédit lui permet de conclure un emprunt plus avantageux pour lui que tel ou tel emprunt antérieur. Il serait alors à même de rembourser l'ancien emprunt par le produit du nouveau et de bénéficier de la différence, et, dans ces cas-là, il s'entend avec ses créanciers ou fait décider par une loi que les anciennes rentes seront remplacées par de nouvelles mieux en rapport avec le taux actuel de son crédit. C'est ce qu'on appelle une *modification* ou *conversion* de la dette publique.

La Bourse. Son rôle au point de vue du crédit.

Qu'est-ce qui traduit, qu'est-ce qui exprime, qu'est-ce qui fixe le crédit dont jouissent auprès du public les différentes valeurs émises par les particuliers, les compagnies ou les États? C'est la *Bourse*.

La Bourse est le lieu où se vendent et s'achètent publiquement les valeurs, actions, obligations, titres de rente, par l'intermédiaire d'agents (*agents de change*) autorisés et reconnus. Chacun peut suivre ainsi quotidiennement la hausse ou la baisse des valeurs. On sait, par exemple, qu'aujourd'hui la rente française 3 0/0 vaut 82 fr., c'est-à-dire que la masse de ceux qui veulent ainsi placer leur argent consent à donner à l'État 82 fr. pour avoir 3 fr. de revenu. Si le crédit de l'État français baissait, on verrait la rente tomber à 80 fr., 78 fr... Si le crédit de l'État monte, la même rente ira à 82, 83, 85 fr. Quels sont ceux qui contribuent à faire ainsi monter ou baisser la rente? Tous ceux qui vendent ou qui achètent. Quelquefois, il est vrai, un très gros acheteur ou un très gros vendeur, comme un riche banquier, une puissante compagnie, peut exercer une action imprévue sur les cours par l'énorme quantité de titres, livrés ou demandés subitement. Mais, en définitive, le nombre des détenteurs de titres est aujourd'hui trop considérable pour que le dernier mot n'appartienne pas au *public*, une fois qu'il est éclairé sur la situation des entreprises et sur les affaires de l'État.

La Bourse est donc justement, comme on l'a dit, le *régulateur* du crédit public.

Résumé.

On entend par *circulation* le mouvement général des richesses passant de main en main dans la société et y provoquant, à chaque pas, échange de services.

On appelle *valeur* le rapport qui s'établit par l'échange entre deux ou plusieurs produits ou services; plus simplement, c'est le rapport de deux services échangés.

La valeur est réglée par un grand nombre de circonstances, et particulièrement par la loi de l'offre et de la demande.

Les prix auxquels s'offrent les produits se règlent en partie sur le prix de revient.

La concurrence fait que les producteurs rivalisent pour diminuer leurs prix de revient et offrir leurs produits à meilleur marché.

La monnaie est une matière qui sert d'équivalent à tous les produits; c'est un intermédiaire d'échanges universel et la commune mesure de toute valeur.

La monnaie est elle-même une valeur réelle, stable, facile à constater, divisible.

Chaque État a sa monnaie, soit d'or et d'argent, soit d'argent seul, soit d'or seul.

Les États peuvent contracter entre eux des conventions pour admettre leurs monnaies réciproques et s'engager à mettre ou ne pas mettre en circulation telle ou telle quantité d'espèces monétaires.

Le crédit, acte de confiance par lequel les détenteurs de capitaux en font l'avance ou les prêtent, sous garantie de remboursement, permet de faire avec la même quantité de monnaie plus de transactions et plus de travaux productifs.

Le crédit fait passer les capitaux des mains oisives en des mains disposées et aptes à les féconder.

Tous les payements ne se font pas immédiatement en monnaie : on supplée au transport (difficile et coûteux) de la monnaie par des lettres de change, traites, chèques, etc., promesses de payement, qui s'échangent, et qui circulent en raison de la confiance que l'on a dans le remboursement définitif à une époque déterminée.

Les banques servent d'intermédiaire au crédit; elles assurent la circulation et le remboursement des papiers qui momentanément tiennent lieu de monnaie.

Tout crédit veut des garanties. Ces garanties sont souvent des valeurs mobilières, souvent aussi des immeubles, sur lesquels l'emprunteur délègue ou transmet un droit à celui qui lui fait crédit.

Les Compagnies et les États ont aussi recours au crédit par leurs emprunts.

La Bourse est le régulateur du crédit public.

III.

Le commerce intérieur ou extérieur.

Importation et exportation.
Le change. Les fonds internationaux.

En parlant de l'échange et de ses conditions, nous avons déjà parlé du commerce et de ses lois essentielles : car le commerce n'est, en définitive, que l'*échange des produits*.

Cet échange n'en est pas resté à ce qu'on a appelé le *troc*, c'est-à-dire à la livraison mutuelle de deux produits déterminés : quelques peuplades sauvages font encore le commerce de cette manière en échangeant, en troquant des défenses d'éléphant contre plusieurs mètres d'étoffe ou contre un litre d'eau-de-vie. Mais dans les pays civilisés, la multiplicité des besoins, la variété infinie des produits, la division du travail et enfin l'usage de la monnaie font que le commerce livre des produits contre de l'argent, c'est-à-dire contre la monnaie ou ce qui tient lieu de la monnaie, ainsi que nous l'avons expliqué.

Le commerce d'une nation comprend : 1° son *commerce intérieur* ou celui que ses habitants font entre eux, sur toute l'étendue du territoire, avec les mêmes moyens d'échange et sous l'empire des mêmes lois ; 2° le *commerce extérieur*, qu'une nation fait avec les autres nations.

Le premier est le plus considérable : il comprend le commerce de gros et le commerce de détail ; il emploie des commissionnaires, des courtiers, qui se chargent de mettre en rapport les producteurs et les commerçants. Il suppose la découverte d'un produit utile, le transport de ce produit des lieux où il est surabondant à ceux où il manque, puis la conservation de ce produit, sa livraison et enfin le payement. Le payement s'opère en monnaie, en billets de banque, ou avec des chèques, des échanges de traites, des compensations opérées dans les comptes-courants, etc.

Le second se subdivise en *commerce d'importation*, qui introduit dans un pays des produits achetés dans un autre pays, et *commerce d'exportation*, qui vend aux pays étrangers les productions nationales. Ainsi, la France importe du coton d'Amérique, du café des Antilles, du Brésil et des côtes d'Afrique, de l'huile du Sénégal, du cuivre du Pérou, etc., etc. Elle exporte des produits fabriqués, des soieries, des objets d'art, des vins, etc.

Une des difficultés du commerce extérieur est dans le payement réciproque des marchandises importées ou exportées entre des pays qui ont des institutions, des banques et des monnaies différentes. Nous retrouvons ici une opération dont nous avons déjà parlé, le *change*.

Supposons deux nations en commerce l'une avec l'autre, la France et l'Angleterre. Si chacune des deux vendait à l'autre autant qu'elle lui achète, les payements seraient très faciles. L'Angleterre aurait vendu à la France pour 300 millions de houille, de machines, de bière, de draps, de cotonnades ; la France aurait vendu à l'Angleterre pour 300 millions de vins, de comestibles divers, de soieries et d'articles de Paris. La France ayant 300 millions à recevoir en Angleterre, et l'Angleterre égale somme à recevoir en France, la compensation se ferait aisément. Au lieu de toucher les 300 millions en Angleterre, les exportateurs français les toucheraient en France même, auprès des importateurs s'étant faits les débiteurs des Anglais, et réciproquement. Mais il est rare, il n'arrive même jamais qu'il y ait exacte équivalence entre les ventes et les achats de deux pays. Un pays qui achète plus qu'il ne vend doit donc trouver le moyen de solder le surplus. Pour cela, il faut qu'il se procure des monnaies ou des valeurs ayant cours dans le pays dont il est le débiteur, et qu'il *change* contre des monnaies ou des valeurs nationales. Or, on retrouve ici, comme partout, la loi de l'offre et de là demande. Suivant que ces valeurs seront rares ou abondantes, il les payera plus ou moins cher, au-dessus ou au-dessous de leur cours originaire. S'il trouve, sur la place où il opère, une grande quantité de monnaies anglaises ou une grande quantité de traites souscrites par des négociants anglais, il se procurera ces valeurs à bon compte, et le *change lui sera favorable;* si elles sont rares, il est obligé de les payer un peu plus cher, et alors le *change* lui sera dit *défavorable.* Le change est ainsi « le prix auquel s'achète en un lieu une quantité de monnaie métallique ou fiduciaire livrable en un autre lieu ». (LEVASSEUR.)

Deux pays qui sont en commerce l'un avec l'autre ne soldent, d'ailleurs, pas toujours directement leurs achats avec leurs monnaies propres et avec les effets de commerce de leurs nationaux. Un commerçant français qui voudra payer des achats faits en Russie pourra régler tout aussi bien avec des traites que des Russes auront souscrites à des négociants belges, allemands ou italiens, et qui seront payables à Saint-Pétersbourg ou à Moscou. Il est vrai qu'il devra se les procurer chez des banquiers et payer le plus souvent un *change*, pour le service qu'on lui rend. Mais l'existence et la réalisation de ces *fonds internationaux* facilitent singulièrement le commerce universel.

Balance du commerce.

La proportion variable dont nous venons de parler entre les importations et les exportations d'un pays a reçu souvent le nom de *Balance du commerce,* comme si l'on pesait la valeur des importations sur un plateau et celle des exportations sur un autre.

On a cru pendant longtemps qu'il fallait prendre au pied de la lettre les expressions *change favorable* et *change défavorable;* et que, par extension, un peuple qui importe plus qu'il n'exporte est un peuple qui s'appauvrit. Cette opinion est depuis longtemps réfutée.

D'abord, les chiffres enregistrés par les douanes pour faire connaître les importations et les exportations d'un pays n'ont qu'une valeur très approximative. Ils ne font pas connaître les dépenses que les étrangers viennent faire dans notre pays, où ils laissent beaucoup d'argent. Ils ne nous font connaître ni les bénéfices ni les pertes que nos exportateurs font en pays étranger, pas plus que le gain qu'ils peuvent retirer des marchandises qu'ils importent. Des marchandises marquées par la douane au tableau de l'exportation peuvent se perdre en mer, être vendues à vil prix ou enfin ne pas être payées : c'est autant de perdu pour le commerce du pays.

D'autre part, un négociant, un agriculteur, un industriel, un simple particulier, peuvent trouver de grands avantages et des moyens d'enrichissement dans les acquisitions qu'ils font à l'étranger. Pourquoi, d'ailleurs, achète-t-on des produits du dehors, sinon parce qu'on en a besoin, qu'on y trouve son avantage, et qu'on préfère le produit à l'argent, dont on se dessaisit pour le payer?

La statistique comparée des différents peuples prouve, de plus, que les peuples pauvres exportent plus qu'ils n'importent, au rebours des peuples riches. Le fait se comprend : un paysan qui est gêné vend son vin et boit de l'eau; il vend tous ses produits le plus qu'il peut et n'achète pas beaucoup, parce qu'il a des dettes à payer. Le riche fermier son voisin, non content de consommer lui-même une partie de ses productions, fait encore venir du dehors des vins ou des fruits meilleurs que ceux qu'il a obtenus dans sa culture. Ainsi sont les nations.

Il n'est pas moins vrai qu'un peuple sera d'autant plus riche qu'il aura plus de produits soit à consommer, soit à échanger. S'il paye les produits étrangers avec de l'argent, cet argent même vient de la production et du travail : c'est donc par des produits qu'il paye, en définitive, les produits des autres, et l'abondance des échanges est un signe et un résultat de l'activité fructueuse du travail national.

Les crises commerciales : leurs causes et leurs remèdes. Les débouchés.

Les phénomènes économiques que nous venons de décrire constituent la vie normale et régulière des nations. Mais, comme il y a des maladies dans les corps individuels, il y a aussi dans les corps sociaux et dans l'humanité des difficultés, des malaises qu'on appelle des *crises*.

Une *crise* commerciale et financière est une sorte d'*arrêt* ou *de trouble dans le mouvement ordinaire des échanges.*

Les crises peuvent reconnaître des causes variées :

1° Des causes *naturelles :* que la France, par exemple, subisse des inondations, des gelées, des intempéries extraordinaires, et que le blé nécessaire lui manque dans des proportions considérables : elle aura de la peine à payer, par les moyens habituels, les grains qu'elle sera obligée de demander à l'Amérique ; elle devra exporter beaucoup de numéraire ; le change lui deviendra défavorable ; ses propres banques élèveront forcément leurs exigences pour livrer de l'or contre du papier, etc.;

2° Des causes *politiques*, comme une révolution, qui effraye les capitaux et détermine les gens riches à cacher ce qu'ils ont ou à le faire passer à l'étranger; une guerre, qui multiplie les dépenses improductives, arrête le travail, etc. ;

3° Des causes d'un caractère plus strictement *économique*, comme un changement subit dans certaines conditions de la production, changement qui fait que des quantités considérables de produits perdent de leur valeur, sont offertes à vil prix, et, comme on dit, écrasent le marché;

4° Des causes lointaines et *internationales*, comme la cessation de certaines demandes de pays étrangers qui jusque-là alimentaient divers commerces.

Les remèdes doivent être naturellement aussi divers que les crises. Il y a d'abord des remèdes qui opèrent en quelque sorte d'eux-mêmes et par la force des choses. Si la France a dû exporter beaucoup d'or en Amérique pour y acheter beaucoup de blé, les Américains, à leur tour, regorgeront d'or, et l'or y baissera de valeur. Ils chercheront alors ou à nous acheter des produits (car qui n'est disposé à dépenser l'argent qu'il a gagné et à le transformer en jouissance ?) ou à nous envoyer une partie de leur or, puisque chez nous il fait *prime* (c'est-à-dire est payé au-dessus du taux légal et ordinaire). L'équilibre ne tardera pas dès lors à se rétablir.

La tranquilité, la paix, la bonne entente entre les classes d'un même pays et entre les nations civilisées sont les meilleurs moyens de prévenir les crises politiques. Quant aux crises d'origine purement économique et commerciale, on les atténue, on les fait disparaître en se créant des *débouchés* et en élargissant ceux qu'on a.

Les *débouchés* sont les lieux où l'on veut exporter, placer, vendre des marchandises. Quand un peuple est actif et industrieux, il ne tarde pas à produire plus qu'il ne consomme : il faut donc qu'il trouve hors de chez lui des débouchés, sans quoi il produit trop, ou bien, restreignant sa production, cesse de produire aussi largement, à aussi bon compte, avec autant de bénéfices.

Lorsque Napoléon Ier décréta le blocus continental contre les Anglais, ceux-ci subirent d'abord une crise épouvantable. Mais ils s'appliquèrent aussitôt à multiplier leurs débouchés sur toute la surface du globe pour y écouler les produits auxquels leur ennemi fermait les ports du continent. Ils y réussirent, et leur commerce et leur industrie prirent un essor nouveau.

Mais, pour que les peuples étrangers nous achètent, il faut qu'ils aient de quoi nous payer. Pour qu'ils aient de quoi nous payer, il faut qu'ils produisent et qu'ils vendent. L'accroissement de la richesse d'un peuple suppose donc un accroissement de la richesse universelle par la multiplicité et la régularité des échanges.

Libre échange. Protection et prohibition. Traités de commerce. Droits de douane, entrepôts, etc.

Si les échanges stimulent la production, faut-il que ces échanges soient libres, comme le travail? Il n'est pas malaisé d'établir théoriquement les avantages du libre échange au point de vue de la formation et de l'accroissement de la richesse universelle.

On a vu combien la liberté du travail et la division du travail sont utiles à la production individuelles : le libre échange n'est que l'application de ces deux principes au travail des peuples et à la puissance productive des nations.

En effet, les différentes contrées ont leurs productions spéciales qui ne se développent pas si aisément dans les autres. Chaque population a ses aptitudes ou naturelles ou acquises, qui lui permettent de porter tel ou tel genre d'industrie à son plus haut degré de perfection. Un peuple a donc intérêt à concentrer ses efforts sur les produits qu'il pourra exporter avec avantage, puis à acheter les autres produits aux peuples qui les lui livreront avec la meilleure qualité et au plus bas prix possible.

L'économie faite par l'achat de ces produits étrangers laissera disponibles des sommes considérables, qui, bon gré mal gré, devront s'employer, et qui s'emploieront dans les industries nationales. Celles-ci, en somme, n'y perdront rien ; mais elles ne conserveront et ne développeront que celles d'entre elles qui réussiront à produire plus abondamment, mieux, à meilleur marché que les industries étrangères, et qui verront ainsi affluer vers elles les demandes, les capitaux, etc.

Quels sont les obstacles qui s'opposent à la pratique du libre échange et qui la retardent?

D'abord la vivacité des prétentions de certaines industries nationales qui réclament la protection de l'État. Ces industries, menacées par la concurrence étrangère, ne se résignent pas à disparaître; elles font valoir que leur ruine réduirait à la misère les ouvriers qu'elles emploient. Il serait aisé de leur répondre que ces ouvriers trouveraient du travail ailleurs. Cet argument n'en est pas moins d'un grand poids : car les pouvoirs publics redoutent toujours les troubles occasionnés par la gêne temporaire d'ouvriers nombreux obligés de modifier leurs habitudes et de chercher de nouvelles occupations.

On fait valoir aussi que nul pays ne peut se mettre à la merci des autres nations en renonçant à produire lui-même telle ou telle marchandise indispensable. La théorie répond que le libre échange rend les guerres plus difficiles, plus rares et plus courtes, à cause des perturbations qu'elles apportent dans le commerce international, et que, somme toute, cela est un bien.

On objecte encore que, dans beaucoup de cas, une industrie vraiment nationale, conforme aux ressources, aux goûts, aux aptitudes, aux nécessités d'un pays, peut être étouffée et ruinée, soit parce qu'elle n'aura pas eu le temps de s'essayer et de grandir en face de concurrents outillés et exercés de longue date, soit parce qu'une surabondance extraordinaire de certains produits étrangers sera venue subitement écraser le marché national.

On dit, enfin, que les industries nationales sont souvent chargées d'impôts très lourds, qui, accroissant leurs frais de production, les empêchent de lutter avec autant d'avantage contre les industries similaires de leurs rivaux. Quand un État, dit-on, est obligé d'augmenter ses ressources en créant de nouveaux impôts, il doit les répartir équitablement; grever un industriel de certaines charges en face de concurrents étrangers qui n'en ont pas chez eux dans la même proportion, c'est le grever doublement; frapper les produits étrangers d'un droit de douane, c'est rétablir un équilibre juste et nécessaire.

Ces luttes entre les intérêts des industriels, ceux des consommateurs et ceux des États ont amené l'établissement de divers régimes.

On appelle *prohibition* l'interdiction absolue des produits étrangers ou l'établissement de droits d'entrée si élevés que ces produits renoncent nécessairement à venir s'offrir.

On appelle système *protecteur* ou *protection* l'établissement de droits variables, qui, grevant à leur entrée les marchandises étrangères, rendent la lutte plus facile aux industries nationales. Avec tel droit d'entrée, telle marchandise anglaise renoncera certainement à essayer de se vendre en France; si ce droit est supprimé complètement, elle pourra se vendre en France à un prix très inférieur au prix de la marchandise fabriquée par les industriels français. Un droit intermédiaire, sans empêcher la concurrence, la rendra plus difficile aux étrangers, et par là même *protégera* l'industrie nationale.

Établir un système sagement protecteur, qui soutienne les industries naissantes et pare à certains dangers exceptionnels, sans accorder à des industries particulières d'inutiles et injustes privilèges payés par les consommateurs, rien n'est plus difficile. Pour que telle industrie nationale prospère, il faut qu'elle puisse acheter à bon compte ses matières premières, ses machines, son combustible. Si tout cela est renchéri par suite de certains droits réclamés par d'autres branches de la production et de l'industrie, la lutte lui devient plus pénible. Il n'y a rien de plus malaisé, quand on ne laisse pas faire la liberté, que de mettre d'accord ces préventions rivales, de protéger l'agriculture sans nuire au commerce, de protéger le coton sans nuire à la soie, etc.

Parmi les conséquences des efforts faits par les États pour sortir de ces difficultés, il faut noter : 1° les traités de commerce ; 2° les douanes.

Un *traité de commerce* est une convention conclue entre deux ou plusieurs États, qui ont discuté, puis établi d'un commun accord les droits dont ils doivent frapper l'entrée de leurs produits respectifs. Ainsi la France et l'Italie cherchent à conclure un traité de commerce, la première disant à la seconde : Ne frappez que de 5 p. 100 tel ou tel de mes produits que mes industriels désirent exporter chez vous, et, à mon tour, je ne frapperai tel de vos produits que d'un droit également modéré. Un traité de commerce bien fait est un ensemble de concessions mutuelles qui doit favoriser également le commerce des deux nations.

La *Douane* est l'administration publique chargée de percevoir, soit à l'entrée, soit à la sortie, mais surtout à l'entrée du territoire, les droits établis par la loi sur les produits et les marchandises.

Le payement des droits de douane pourrait être fort dommageable à l'industrie et au commerce, si les produits, ayant payé les droits, ne se vendaient pas ou se vendaient très tard ou n'étaient introduits momentanément dans le pays que pour être réexportés. On s'est efforcé de parer à ces inconvénients des droits de douane en établissant des *entrepôts*. Les entrepôts sont des locaux surveillés par l'administration, et où les négociants peuvent conserver leurs produits pour n'acquitter les droits qu'au jour où ces produits seront vendus et recevront leur destination définitive.

Les agents de l'administration ont le droit de constater périodiquement si quelques-unes des marchandises déclarées et introduites dans l'entrepôt y manquent : les entrepositaires sont alors obligés de payer les droits. Au bout d'un certain délai (un an ou trois ans selon les cas), l'État a le droit de faire vendre dans des *ventes publiques* les marchandises qu'on y a laissées sans payer.

Jusque-là le négociant a le temps de préparer la transformation et le placement rémunérateur de ses produits. Il ne paye qu'à la veille d'être lui-même payé. En attendant, le *récépissé* que lui donne l'entrepôt peut lui être de la même utilité qu'un *warrant*, c'est-à-dire lui procurer du crédit.

Malgré ces adoucissements, les droits de douane constituent un impôt indirect qu'il est bon de maintenir à un taux modéré : car, sous prétexte de frapper les produits étrangers, ce sont les consommateurs nationaux qu'on atteint, en leur faisant payer plus cher les produits dont ils ont besoin.

Résumé.

Le commerce est l'échange des produits. Il comprend le commerce intérieur et le commerce extérieur : ce dernier se divise en importation et exportation.

Quand les importations d'un pays dépassent ses exportations, il doit se procurer des fonds payables dans les pays où il a acheté. Le prix auquel il se procure ces fonds s'appelle le change.

Finalement tout se paye avec des produits : abondance de production et activité des échanges sont deux termes inséparables.

Les crises commerciales, troubles dans le mouvement ordinaire des échanges, se conjurent principalement par la création ou l'extension des débouchés.

La liberté des échanges n'est que l'application de la liberté du travail et de la division du travail à la puissance productive des peuples.

Des droits modérés sur les produits étrangers sont reconnus souvent nécessaires pour protéger certaines industries naissantes.

Les droits se payent à la douane.

Les traités de commerce sont des ensembles de concessions que se font deux pays pour favoriser leurs échanges.

IV.

Distribution des richesses. — Rente ou fermage. — Intérêt. — Salaires. — Bénéfices.

La distribution de la richesse. Données du problème.

On appelle, en économie politique, *distribution de la richesse le mode de répartition par lequel ceux qui ont contribué à la production s'en partagent les résultats.* Le principe général qui doit présider à cette répartition ne paraît point difficile à trouver : chacun a droit à la richesse à répartir dans la mesure où il a contribué à la produire ; voilà qui, sous cette forme générale, est peu contestable. Mais il faut descendre aux applications.

Supposons un homme faisant à lui seul tout son travail : il a trouvé un coin de terre inculte et sans possesseur ; il l'a défriché ; parmi les plantes qui y croissaient spontanément, il a fait un choix ; celles qu'il a conservées, il les a perfectionnées par la culture. Il a lui-même fabriqué ses outils, il a apprivoisé quelques animaux errants, qu'il a rendus domestiques, etc. Le résultat auquel il arrive au bout de l'année est incontestablement tout à lui ; il n'a rien à partager avec personne.

Mais il est clair que c'est là une hypothèse qui n'a pu se

réaliser (si jamais elle l'a été) que dans des temps exceptionnels. Aujourd'hui nous reconnaissons (les précédents chapitres
l'ont établi) trois facteurs principaux de la richesse : 1° les
agents naturels qu'on désigne habituellement par le nom du
plus important d'entre eux, la *terre*; 2° le *capital*; 3° le *travail*; en prenant ce mot dans son sens le plus complet, dési-
gnant l'effort utile de l'intelligence et de la science tout aussi
bien que l'effort des facultés physiques.

Malgré la division du travail et ses progrès, il n'est pas rare
qu'un même individu coopère à la production à deux titres
différents : par exemple, comme propriétaire et comme travailleur, ou comme propriétaire et capitaliste. Alors il a droit,
pour ainsi parler, à deux parts. Mais ce que nous avons à dé-
terminer ici, c'est la part qui doit revenir à chacun de ces
trois agents : le propriétaire de la terre, le possesseur du capital et le travailleur.

La propriété. — La propriété individuelle.
Réfutation des principaux systèmes qui la nient.

Mais avant de faire la part du propriétaire, rappelons d'a-
bord sur quels principes repose le droit de propriété, et spécialement le droit de propriété *individuelle*.

Lorsqu'on essaye de remonter, à l'aide de documents de
toute nature, aux plus anciennes époques de l'humanité, on
trouve sans doute que la terre était le bien commun de la
peuplade ou de la tribu tout entière. Chacun faisait paître ses
troupeaux en même temps dans les mêmes pâturages; ou,
lorsqu'on manquait de terres, on émigrait, on allait conquérir
ou habiter de nouvelles plaines. L'idée de la propriété individuelle n'était cependant pas méconnue, même alors. Si on
ne revendiquait pas encore pour soi telle ou telle portion du
sol, chacun savait bien réclamer la propriété de ses troupeaux,
la propriété de ses armes, celle des objets qu'il avait fabriqués,
celles des fruits qu'il avait su conserver, du gibier qu'il avait
tué, etc. En un mot, l'humanité eut immédiatement conscience
de cette vérité, que chacun a un droit naturel sur les choses
qui, n'ayant appartenu jusqu'alors à personne, ont reçu de lui
une élaboration, une transformation, une appropriation parti-

culière. Les choses sur lesquelles aucun travail de ce genre ne peut être effectué par la personne humaine demeurent le bien commun de l'humanité : tel est, par exemple, l'air, que nous respirons tous également ; telle est l'eau du fleuve, qui coule pour tout le monde. On comprend ainsi que tant que la terre a été uniquement considérée comme la productrice d'herbages poussant naturellement sans culture, elle a dû être aussi regardée comme un bien collectif. Mais peu à peu l'effort du travail individuel a transformé le sol, comme il transformait le bois, les métaux, la peau des animaux. Dès lors, comme tel ou tel devenait le légitime propriétaire de l'arc et des flèches qu'il avait façonnés, des ustensiles qu'il avait forgés, du poisson qu'il avait pêché....., tel ou tel put devenir maître du sol qu'il avait en quelque sorte dompté et fertilisé par ses soins.

Toute propriété, quelle qu'elle soit, repose donc sur un même principe.

La personne humaine est obligée, sous sa propre responsabilité, de s'assurer ses moyens d'existence : il est donc nécessaire et équitable qu'elle puisse jouir en paix des fruits de son travail et de la possession des choses dont elle a fait l'utilité.

La doctrine qui nierait ce que nous venons d'énoncer serait le *Communisme* absolu. Dans le communisme, comme le mot l'indique, tout est commun entre tous. Mais l'absurdité d'un tel système saute aux yeux : car, ou bien les paresseux, les imprévoyants, les dissipateurs, auraient toujours autant que les autres, ce qui serait tout à fait immoral ; ou bien il faudrait qu'une autorité toute-puissante contraignît chacun à donner autant de travail et à montrer autant de vertu que tous les autres, ce qui, même avec un système d'esclavage abrutissant, serait encore irréalisable.

Les adversaires de la propriété individuelle l'accusent de favoriser l'isolement, l'égoïsme, et de consacrer pour un petit nombre l'accaparement définitif de choses nécessaires à tous. Ces reproches sont immérités.

Tout d'abord les faits prouvent que, pour acquérir la propriété, l'individu réclame habituellement le concours de quelques-uns de ses semblables, mais particulièrement le concours des membres de sa famille. C'est, d'ailleurs, presque toujours en vue d'assurer les moyens d'existence des siens, de sa femme, de ses enfants, que l'homme cherche à posséder et à conserver. La suppression de la propriété individuelle équivaudrait pour chacun à la suppression de toute responsabilité à l'égard de ses enfants, à la suppression du devoir qu'il s'est toujours reconnu d'assurer, autant que possible, leur lendemain. On ne peut donc soutenir sérieusement que la propriété individuelle relâche la solidarité sociale.

Peut-on dire qu'elle constitue un privilège abusif en faveur de ceux qui l'ont conquise? Mais cette conquête même ne donne pas le droit *d'abuser;* et personne n'a jamais prétendu que le propriétaire fût comme un souverain irresponsable, indépendant de tout devoir et soustrait à toute loi.

Il est impossible que l'individu puisse subsister, prospérer. être heureux, sans l'aide de la société. Aussi la société fait-elle des lois qui règlent les modes d'acquisition de la propriété individuelle, qui en soumettent l'usage à certaines conditions, et qui enfin obligent le propriétaire à céder à la société, sous forme d'impôt, une part de sa propriété ou de ses fruits.

Le droit de transmission. Fondements de la succession *ab intestat* et du droit de tester.

Les lois qui règlent actuellement la transmission des biens assurent un équitable respect des droits de l'individu, des droits de la famille et des droits de l'État relativement à la propriété.

D'abord quiconque s'est rendu, par son travail, propriétaire d'une chose quelconque, est évidemment maître d'en disposer ; autrement elle ne serait pas sa propriété. S'il peut en disposer. s'il peut l'échanger, la vendre, la donner, il peut la donner, par exemple, à une échéance déterminée, la donner par une disposition spéciale, pour le lendemain de sa propre mort, en se réservant d'en user jusque-là, comme par le passé.

Cette transmission des biens acquis par l'individu s'opère le plus généralement du père de famille à ses enfants, et, s'il n'a pas d'enfants, à ses parents les plus proches. C'est là une conséquence toute naturelle du principe qui pose la propriété individuelle comme une nécessité liée aux obligations et aux responsabilités de la famille. C'est pour assurer aux siens des moyens d'existence et d'action que l'homme s'efforce d'arriver, par son travail personnel, à une propriété quelconque. C'est pour respecter cette tendance invincible et raisonnable que la société 1° permet à l'individu de transmettre ses biens à qui il veut ; 2° lui interdit néanmoins, en beaucoup de pays, et notamment en France, de déshériter complètement ses propres enfants ; 3° décide que lorsqu'il n'a pas fait de testament (succession *ab intestat*), ses biens vont à ses parents les plus rapprochés.

La société considère ainsi que l'individu est lié à sa famille et par des droits et par des devoirs, et que la solidarité qui existe entre lui et sa famille ne peut être absolument rompue ni par lui ni par l'État.

Elle reconnaît cependant à tout homme le droit de disposer de ses biens après sa mort, dans de certaines limites, de laisser plus à l'un qu'à l'autre, et même de disposer de sa fortune entière en toute liberté lorsque ses héritiers naturels ne sont pas ses propres enfants.

Après avoir fait ainsi la part de l'individu et celle de la famille, la société fait aussi la sienne, du moins dans la plupart des législations modernes. L'État prélève sur toutes les successions un impôt spécial qui représente en quelque sorte sa part.

Cette espèce de partage lève toutes les objections qu'on pourrait être tenté de faire à la propriété individuelle. Elle lui laisse cependant le caractère et les droits qu'on ne saurait lui enlever sans briser l'initiative et sans anéantir la responsabilité personnelle.

Les Conventions.

Le propriétaire est donc quelqu'un qui intervient nécessairement dans la production et dans la répartition de la richesse. Il intervient armé de ses droits, comme le travailleur, comme le capitaliste, interviennent avec les leurs. Tous ont besoin les uns des autres ; mais, comme ils sont libres et maîtres de leurs propriétés, de leur travail ou de leurs capitaux, ils règlent ensemble par des *conventions* ou contrats les modes de coopération qu'il leur convient d'adopter.

Part du propriétaire. Le fermage : la rente du sol.

Voyons d'abord comment s'établit la part du propriétaire.

Que le propriétaire d'un champ ne le travaille pas lui-même, mais le laisse travailler à d'autres, au bout de l'année il pourra dire à ces derniers : « Ma terre, sans votre travail, n'aurait point produit ce qu'elle a produit ; mais votre travail, sans ma terre, n'aurait point produit non plus : ce n'est pas en l'air que vous auriez fait pousser des épis : donc nous allons partager. » La part que le propriétaire réclame ici pour lui, soit sous forme de fruits, soit sous forme d'argent, c'est ce qu'on appelle le *fermage*.

Mais dans le fermage on a distingué deux parts : l'une que demande le propriétaire pour un grand nombre de commodités accessoires établies à ses frais : maisons, granges, écuries, clôtures, canalisations, etc. ; l'autre, que, en l'absence même de ces commodités, il exige pour la terre proprement dite, pour le *fonds* sur lequel il a construit ou fixé sa propriété.

Or, certains publicistes ont prétendu que si la première rémunération était légitime, la seconde l'était beaucoup moins, ou ne l'était même pas du tout. Ce fonds, ils l'ont dénommé, les uns, *capital primitif* ou *incréé, don gratuit de Dieu ;* les autres, *puissances indestructibles du sol,* ou encore *facultés primitives et impérissables de la matière.* Qu'un propriétaire ait la prétention d'en faire sa chose à lui seul, c'est, disent quelques-uns, un accaparement, un monopole et un privilège, pis que cela, une usurpation, une spoliation, un vol.

A ces attaques on peut répondre : Il est impossible d'établir une distinction radicale et une ligne de démarcation fixe entre ces deux éléments de la propriété, le fonds et les commodités accessoires. Sur une terre aujourd'hui fertile et productive, vous ne voulez voir que les travaux les plus apparents et les plus récents, et vous dites : Ceux-là seuls doivent être payés au propriétaire. Mais remontez par la pensée de propriétaire en propriétaire, d'acheteur en acheteur : que de travaux, dont les résultats seuls sont aujourd'hui visibles, n'a-t-il pas fallu, pour défricher, dépierrer, dessécher, amender, préserver des inondations ou de tout autre péril le sol eu question ! La fertilité de telle ou telle terre n'est pas une chose si absolue ; c'est très souvent le rapport qui existe entre ses qualités constitutives et telle culture, qui seule lui convient, ou qui seule a pu être introduite avec des chances sérieuses de rémunération, mais qu'il s'est agi de trouver, d'introduire et d'approprier. Le prix de location de la terre n'est donc qu'une compensation légitime pour les travaux accumulés du passé, travaux qui, s'ils n'ont pas été exécutés par le dernier propriétaire, ont été du moins payés par lui : car c'est l'ensemble de ces travaux que représentait à peu près le prix d'acquisition. Un économiste américain, Carey, a même cru pouvoir établir qu'il est au-dessous de ce que coûterait la terre, s'il fallait aujourd'hui la mettre en valeur en l'appropriant à la culture.

Ainsi, la propriété n'a point accaparé ni volé le sol, et surtout elle n'en prive pas les générations futures. Elle l'a travaillé et perfectionné [1] pour le plus grand bien de ces générations, qui trouvent un sol mieux préparé, plus fertile, et sont appelées à en profiter de deux manières : 1° en en partageant les fruits avec le propriétaire ; et il est prouvé que les fruits qui restent au travailleur, après avoir fait la part du propriétaire, sont supérieurs, en quantité et en qualité, à ceux qu'il obtiendrait, pour lui seul, d'une terre sans propriétaire, mais inculte et placée hors des conditions de nos sociétés civilisées, telles que le système de la propriété les a faites ; 2° en l'achetant, c'est-à-dire en restituant au propriétaire actuel l'équivalent de la valeur donnée au sol par ces travaux accumulés [2].

1. Elle seule pouvait le faire : tout le monde sait qu'il faut beaucoup de temps pour recueillir en agriculture le fruit de ses efforts, et que les propriétaires qui se croient assurés d'une longue possession y peuvent seuls opérer des travaux d'avenir.

2. Or, « la terre, à moins que des lois iniques et pernicieuses ne l'immobilisent aux mains de castes privilégiées, se transmet et s'échange exactement comme les maisons, les usines, les contrats de rente, les actions industrielles. Quiconque a des épargnes disponibles est libre d'en acquérir une portion petite ou grande, et ceux qui la possèdent sont si loin d'en tirer des avantages exclusifs, qu'il s'en trouve toujours de prêts à céder ce qui leur en appartient contre des capitaux dont ils espèrent un meilleur revenu. » (H. PASSY.) Sur la propriété, on trouvera de plus amples

Ceci posé, on établit que plus une terre donne d'excédent au delà de ce qui est nécessaire pour payer juste le travail du cultivateur, plus elle peut prétendre à une rente élevée.

La part du capital. L'intérêt

Le possesseur d'un capital rend incontestablement un service à celui à qui il prête ce capital : il lui épargne du travail en mettant à sa disposition les résultats de son travail personnel ou du travail de celui qui lui a légitimement transmis et donné son bien. Ce capital, il s'en prive ; il l'expose soit à une perte complète, si c'est de l'argent, soit à une détérioration, si c'est un immeuble. Il permet à l'emprunteur d'en tirer tel profit qu'il peut. A ces divers titres. 1° service rendu, 2° travail épargné, 3° risque couru, 4° privation d'une jouissance personnelle, il a droit à une rémunération.

Cette rémunération s'appelle plus spécialement *loyer* lorsqu'il s'agit d'une maison, *intérêt* quand il s'agit d'argent.

La légitimité du prêt à intérêt n'est plus contestée par personne. Que dans la primitive société chrétienne, alors qu'il n'y avait pour ainsi dire point d'industrie, on recommandât au riche de prêter sans intérêt au pauvre ou à l'individu gêné et obéré, rien de mieux : c'était un précepte de charité. Qu'aujourd'hui encore une personne aisée ne réclame pas d'intérêts pour un prêt à courte échéance, si elle ne s'est privée d'aucun revenu, et si elle sait que l'emprunteur n'a point fait valoir son argent, il n'y a encore qu'à approuver et qu'à louer ; mais nous savons qu'en général aucune somme d'argent ne demeure, si on le veut, improductive. Il est donc de toute justice que celui qui s'en sert et en retire certains avantages rémunère celui qui s'en est dessaisi pour lui.

Qu'est-ce qui détermine la hausse ou la baisse du taux de l'intérêt ? C'est la loi de l'offre et de la demande, comme pour les marchandises et les produits ordinaires. La quantité de l'offre dépend de l'abondance des capitaux improductifs; la quantité de la demande dépend de la rareté des capitaux et de leur productivité actuelle. Supposez deux pays : dans l'un, le

développements dans nos *Éléments de Morale,* pages 116 et suivantes.

travail pourra faire produire au même capital le double de ce que la même somme de travail peut lui faire produire dans le second : s'ils ont tous les deux la même masse de capitaux disponibles, il est impossible que l'intérêt de l'argent ne soit pas plus élevé dans le premier que dans le second.

La part de l'ouvrier. Le salaire.

Le salaire est la *rémunération que reçoit le travailleur en retour de son travail*. Cette rémunération est fixée par avance et pour un temps déterminé ; elle se paye périodiquement ; et celui qui la reçoit reste en dehors des chances, heureuses ou malheureuses, de l'entreprise à laquelle il donne son concours. Le salariat est donc le recours de ceux qui n'ont encore ou qui n'ont plus ni propriété ni capital, ou qui n'en ont pas assez pour en vivre ; ils ne peuvent pas courir volontairement les risques du gain ou de la perte : ils acceptent le salaire, parce qu'ils y trouvent plus de sécurité.

Il y a à considérer dans les salaires leur inégalité nécessaire et la manière dont s'en règle le taux.

Quelques esprits aventureux ont réclamé l'égalité des salaires. Ce serait une grande injustice. D'abord les travailleurs sont inégaux, non seulement en force, mais en bonne volonté, en énergie, en assiduité : il est équitable de proposer un salaire plus élevé à ceux dont le travail produit davantage. Les professions ne sont pas moins inégales que les personnes : les unes sont plus pénibles, les autres plus honorables ; il y a dans celles-ci plus de constance et de sécurité, dans celles-là plus d'incertitude. Il en est qui exigent un apprentissage long, coûteux, comme il en est que le premier venu peut exercer avec ses quatre membres. Répartir tous les travailleurs malgré eux dans les diverses professions, ce serait organiser l'esclavage. Que chacun donc choisisse selon ses capacités et selon ses goûts, et que chacun débatte son salaire, afin d'obtenir tout ce qui sera possible. Voilà la seule solution.

Sur quoi se règle le taux des salaires ? Ici encore intervient la loi de l'offre et de la demande. M. Cobden l'a formulée en ces termes pittoresques bien connus : « Quand deux ouvriers courent après un patron, c'est la baisse des salaires ; quand deux patrons courent après un ouvrier, c'est la hausse. »

Mais qu'est-ce qui décide, dira-t-on, les patrons à courir après les ouvriers? Le besoin qu'ils en ont pour satisfaire à la demande des consommateurs, qui, eux-mêmes, pris dans leur ensemble, ne demandent que ce qu'ils peuvent payer, mais demandent de plus en plus, au fur et à mesure qu'ils le peuvent. Ainsi l'accroissement continu de la richesse publique (qui serait encore plus grand sans les guerres et sans les discordes civiles) amène lentement et sûrement la hausse des salaires[1]; mais c'est la seule cause efficace. Hausser artificiellement les salaires, ce serait diminuer la consommation : car tous les consommateurs réunis n'ont ensemble, à un moment donné, qu'une somme de ressources déterminée; et leur faire payer certains produits plus cher avant que leurs ressources aient pu s'accroître, ce serait inévitablement restreindre leurs achats : ce serait donc, par contre-coup, réduire la production et la quantité de travail à demander aux ouvriers: « en sorte que l'on ne pourrait hausser arbitrairement le salaire des uns qu'en supprimant celui des autres, en les privant de leur part de travail. Ce sont là des vérités mathématiques contre lesquelles on voudrait en vain lutter.» (A. CLÉMENT.) Les ouvriers cependant ont lutté quelquefois contre elles et ont essayé d'en venir à bout par les grèves, c'est-à-dire par le refus du travail en masse. Respectons, sous les réserves de la loi[2], cette liberté : elle prouve que la solidarité du travailleur et du capitaliste est bien étroite, et que les travailleurs ne sont pas si esclaves, puisqu'ils se flattent de faire capituler l'industriel qui les emploie. Mais cette pression n'est qu'un moyen violent, et qui atteint rarement son but. Si les grévistes coalisés obtiennent une augmentation de salaire que ne justifie pas l'éten-

----

1. « Depuis un demi-siècle, non seulement les salaires n'ont pas baissé, mais, sans sortir de l'Europe occidentale, on pourrait démontrer que la moyenne de la main-d'œuvre, je parle du prix en argent, s'est élevée de 25 à 50 pour 100. En même temps, le prix des denrées les plus nécessaires à la vie a subi une diminution très réelle. Cette réduction, pour le blé notamment, ne saurait être évaluée au-dessous de 15 à 20 pour 100. (LÉON FAUCHER, article *Salaires* du *Dictionnaire d'Économie politique*, 1873.)

2. Il faut, bien entendu, que la grève soit libre; les menées et les menaces sont interdites.

due des bénéfices faits par l'industrie[1], les manufacturiers ne continueront pas longtemps à travailler à perte ou sans profit : ils liquideront leur industrie, fermeront leurs ateliers ; et il faudra que les ouvriers congédiés « courent après d'autres patrons », ce qui fera baisser les autres salaires[2]. Vous supposez qu'en telles circonstances les patrons pourraient payer davantage : si cela est, faisant de gros bénéfices, ils étendront leurs affaires ; la vue de leur richesse attirera les capitaux et les efforts sur une industrie si lucrative, et alors ce sera aux patrons à courir après les ouvriers, d'où la hausse des salaires.

Telles sont les lois naturelles que ne pourront jamais changer l'utopie, l'arbitraire ou la violence.

La part de l'entrepreneur. Le profit.

Dans l'état actuel de la division du travail, un agent, nous l'avons vu, vient encore le plus souvent se placer entre le capitaliste et l'ouvrier et participe à la fois du caractère de l'un et de celui de l'autre : c'est ce qu'on appelle (en donnant au mot un sens très général) l'*entrepreneur*. L'entrepreneur conçoit ou adopte l'idée de l'exploitation ou de l'entreprise ; il réunit les capitaux nécessaires, se procure un matériel, loue des ouvriers, dirige enfin la fabrication et la vente des produits. On voit par là quelle somme de connaissances, quel esprit d'ordre, de suite et de prévision, quelle énergie enfin et quelle persévérance exige une telle profession.

Quand l'entrepreneur a payé le salaire de ses ouvriers, soldé l'intérêt des capitaux, réservé la somme nécessaire pour amortir son matériel, s'il y a perte, il la subit ; s'il y a excédent, il se l'attribue, c'est son profit ou bénéfice.

Les intérêts de l'entrepreneur et ceux de l'ouvrier ne sont pas en antagonisme. Celui-ci veut avoir des ouvriers habiles et sûrs qui achèvent ses travaux en temps utile : il faut qu'il

---

1. Il suffit souvent d'une augmentation très légère du salaire par homme et par jour pour supprimer d'un seul coup les bénéfices de l'industriel.

2. Ou bien les produits se vendront plus cher, et, par répercussion, toutes les choses nécessaires à la vie deviendront plus coûteuses : l'ouvrier n'aura rien gagné.

les paye ce qu'ils méritent. Celui-ci, de son côté, trouve dans l'entreprise d'un homme habile et hardi la garantie d'un travail durable et équitablement rémunéré.

Des essais faits pour supprimer ou transformer le salariat. Associations. Participations aux bénéfices.

Certains publicistes cependant, et, avec eux, un grand nombre d'ouvriers, ont formé le rêve de rendre inutiles le capitaliste et l'entrepreneur, et de prendre les sommes laissées libres par l'intérêt et les bénéfices qu'ils s'attribuent, pour les répartir entre les ouvriers. Cette combinaison s'appelle l'association.

L'association, entendue dans ce sens tout spécial [1], est loin d'être une chimère; mais elle ne peut être une panacée, et elle ne saurait de bien longtemps, sinon jamais, supprimer le salariat. Que plusieurs ouvriers s'unissent pour exploiter en commun leur industrie et participer également aux pertes et aux gains : ils le peuvent. Mais cela suppose qu'ils ont par devers eux : 1° quelques économies; 2° une certaine entente des affaires qu'ils entreprennent, la connaissance exacte des conditions de vente et d'achat. C'est dire qu'ils sont, dans une certaine mesure, capitalistes et entrepreneurs, autrement dit qu'ils forment une élite. Mais on a remarqué que si une telle association réussit et s'étend, elle ne tarde pas à emprunter à l'ancien et commun système la majeure partie de ses procédés : elle prend l'un des siens comme gérant ou directeur; elle admet des ouvriers étrangers à la journée ou à la tâche, parce qu'elle ne veut pas se compromettre en acceptant comme associé le premier venu : donc, à son tour, elle distribue des salaires. Tout cela est très légitime, mais ne constitue et ne peut constituer qu'une exception. A plus forte raison ne peut-on songer raisonnablement à l'imposer et à en faire la loi obligatoire et universelle des travailleurs.

Dans tous les cas, ce genre d'association ne diffère pas beaucoup des grandes entreprises dans lesquelles les bons ouvriers

---

1. Car, en un sens plus étendu, tout est association : les rapports du propriétaire et de l'ouvrier, ceux de l'entrepreneur et du capitaliste, etc.

sont admis à une certaine *participation aux bénéfice;* c'est là un genre d'association plus restreint, mais excellent, et très précieux pour l'ouvrier honnête et laborieux[1].

C'est pour cela que les syndicats d'ouvriers réussissent mieux à établir des sociétés coopératives de consommation que des sociétés de production. Le nombre de ces dernières va plutôt en se restreignant, et, parmi celles qui subsistent, le nombre des coopérateurs diminue plutôt qu'il n'augmente.

Où est, en effet, pour ces sociétés la principale difficulté ? Tant qu'il ne s'agit que de continuer les errements habituels d'une industrie bien établie, elles peuvent prospérer; il ne leur faut que de la discipline, de l'ordre, un bon choix d'associés et du travail, choses *relativement* faciles. Mais aussitôt que par l'effet d'une concurrence imprévue, d'une crise quelconque, les débouchés sont menacés, l'association est en péril. Il ne s'agit plus simplement de travailler ; il faut renouveler les procédés, l'outillage, la clientèle. Or, ici, le nombre des associés est un obstacle. Pour prendre une de ces décisions qui sauvent une industrie en l'adaptant à un changement soudain de conditions, il faut de l'initiative et de l'argent. Il est rare qu'une assemblée tant soit peu nombreuse ait de l'initiative en temps voulu, et il est plus rare encore qu'une association d'ouvriers ait un capital important. Quiconque a de l'initiative et quelque épargne devant lui ne songe pas à s'associer, il s'établit.

Rien de tout cela n'est absolu, ni définitif sans doute; les mœurs, les habitudes peuvent changer peu à peu sous la pression de faits économiques nouveaux. Mais telle est encore aujourd'hui la situation en général.

Toutefois, les moyens de remédier aux imperfections inévitables du salariat ne manquent point : les sociétés de secours mutuels, les sociétés coopératives d'achat et de consommation, les caisses d'épargne, les caisses de retraite, les assurances, l'achat de petits immeubles par annuités, etc., sont autant de moyens qui préservent l'ouvrier, dans une mesure toujours croissante, des effets de la maladie et du chômage. Ils permet-

---

1. Voyez ce que nous avons dit plus haut, pages 11 et 12, des *syndicats.* On peut l'appliquer aux syndicats *d'ouvriers* comme aux syndicats de patrons.

tent par conséquent l'épargne et la formation d'un capital, qui, si modeste qu'il soit, peut devenir le point de départ de ces changements de fortune, de ces élévations, les unes plus promptes, les autres plus lentes, que nous voyons se produire journellement dans les individus et dans les familles.

La grande et la petite industrie. La grande et la petite culture.

Nous continuerons ces considérations en disant quelques mots de la grande et de la petite industrie. C'est une question souvent débattue de savoir laquelle des deux est plus favorable à la production, plus conforme à la dignité humaine et plus propice à l'amélioration du sort des travailleurs.

La grande industrie, c'est-à-dire celle qui groupe et fait travailler sous une même direction beaucoup de capitaux et beaucoup d'ouvriers, peut seule accomplir ces travaux gigantesques qu'exigent la construction et l'exploitation des chemins de fer, le percement des isthmes, le creusement des ports, etc. Même lorsqu'elle s'applique à fabriquer des objets d'usage plus ou moins général, elle a le privilège de produire tout en grand nombre, de préparer sa fabrication par des achats considérables, de mieux répartir ses frais généraux, de faire profiter les consommateurs de l'abaissement de prix qui en résulte. Elle permet aussi l'exportation sur une plus large échelle, et elle contribue par là au mouvement des échanges internationaux : elle paraît donc être un signe de puissance et un instrument de civilisation.

Mais la petite industrie a aussi ses avantages. Elle est plus favorable que la grande à l'initiative personnelle, à l'invention dans les petits détails, au goût de la surveillance, de l'économie, enfin et surtout à la conservation de l'esprit de famille.

On peut ajouter que la petite industrie se prête peut-être mieux que la grande à une juste élévation des salaires : car elle demande plus, et par conséquent elle accorde davantage aux qualités individuelles. Dans la grande industrie, un ouvrier n'est qu'un rouage de plus dans un mécanisme tout monté : de telle sorte qu'à bien peu de chose près un ouvrier en vaut un autre. Il n'en est pas de même de ceux qui travaillent chez eux, à leur manière : ils ont nécessairement plus de latitude pour varier et pour perfectionner leurs procédés.

Mais, tout cela reconnu, on doit avouer que les progrès de l'une ou de l'autre tiennent presque toujours à des causes sur lesquelles la volonté individuelle est impuissante. Si la grande industrie, par exemple, parvient à fabriquer pour 50 francs la montre qu'on nous vendait autrefois 150, il n'y a ni raisonnement ni théorie qui puisse empêcher le développement continu des grandes usines d'horlogerie.

Il est possible cependant de trouver des moyens qui concilient, à la longue, les avantages de la grande et ceux de la petite industrie. On cite, par exemple, de grands magasins où une multitude d'employés sont associés aux bénéfices, où la direction se subdivise en un certain nombre de chefs de rayon, dont chacun est comme un patron, maître de son personnel, ayant une assez grande initiative et réalisant des bénéfices à lui, tout en profitant de l'installation et de l'organisation générales, de la concentration des capitaux, de la publicité collective de la maison, etc.

Un autre moyen, souvent indiqué ou plutôt souvent souhaité, c'est la subdivision des machines et la distribution de la force motrice à domicile. On distribue l'eau, la chaleur, la lumière, l'électricité, dans des proportions qui peuvent varier à l'infini. Ce sont là des substances ou des agents qui se créent ou s'aménagent en *grand*, qui peuvent se travailler ou s'utiliser en *petit*. Pourquoi n'en ferait-on pas autant pour ce qu'on appelle la *force motrice?*

Les savants ont déjà été sollicités bien des fois de chercher dans cette voie : il y a peut-être là l'espérance de quelque grande découverte pour l'avenir.

C'est, en somme, la même question qu'on agite quand on examine les avantages respectifs de la grande et de la petite culture. La grande culture permet (si elle ne l'assure pas toujours) la diminution des frais généraux, l'emploi des machines, la variété des cultures, dont les unes compensent les insuccès des autres. La petite culture stimule davantage les efforts du travailleur, qui se rend compte à chaque instant de ses résultats; elle réussit davantage pour les produits qui exigent des soins attentifs et des changements continuels, comme les produits maraîchers. L'association peut, d'ailleurs, assurer à la petite culture les bienfaits de la grande, en mettant des capitaux et des machines au service d'un grand nombre de cultivateurs. Il en résulte alors pour la société en général un grand avantage. Le pays compte un nombre toujours croissant de petits propriétaires, satisfaits d'être maîtres chez eux, plus intéressés à la production, et désireux de la tranquillité publique[1].

La question de la population.
Pauvreté et paupérisme.

Aux lois de la distribution de la richesse entre propriétaires, capitalistes et ouvriers sont intimement liés, dans l'opinion générale, les lois qui président à l'augmentation plus ou moins rapide de la population humaine.

Par suite d'une des lois les plus impérieuses de la nature, la population tend évidemment à s'accroître.

D'autre part, il faut que les êtres appelés à la vie aient de quoi subsister, et il faut que les pères de famille aient de quoi nourrir leurs enfants en attendant que les enfants puissent subvenir par leur propre travail à leurs besoins personnels.

Il est donc *inévitable que l'accroissement d'une population soit subordonnée à ses moyens d'existence.*

Or, ici deux choses paraissent généralement acquises : 1° une grande pauvreté tend à ralentir l'accroissement de la population, soit parce que la misère arrête les mariages, soit parce que l'indigence, la faim, les privations de toute sorte, les maladies, le vice..... font mourir un grand nombre d'enfants et abaissent le niveau de la vie moyenne; 2° une augmentation très grande de la richesse semble produire, en beaucoup d'endroits, un résultat analogue, quoique par des voies différentes. En effet, si la misère engendre la maladie, le découragement et le vice, il y a une certaine richesse qui produit la cupidité, l'amour des plaisirs, le dégoût des charges et des devoirs. C'est ce qui fait que très souvent la population diminue à mesure que la richesse s'accroît au delà d'une certaine limite.

On remarquera que nous venons de nous servir de mots

1. Voyez, du reste, ce que nous avons dit plus haut, pages 16 et 17 sur la grande et sur la petite propriété.

tels que : *il semble, souvent, dans certains endroits.* C'est à dessein que nous l'avons fait : car on ne saurait trouver là de lois vraiment naturelles. Sans doute, si une population n'a pas de quoi manger, elle périra : cela est vraiment une loi physique inéluctable; mais aucune loi naturelle ne veut que la richesse, bien entendue et bien comprise, arrête l'essor de la population. Aucune loi naturelle non plus ne veut que la pauvreté (c'est-à-dire l'état dans lequel on doit uniquement sa subsistance et celle de sa famille au travail quotidien) empêche la population d'augmenter et de prospérer. Il ne faut pas confondre avec les lois naturelles ce qui est le résultat des passions, des vices ou des erreurs de l'homme.

Parmi les erreurs qui ont pu exercer ici une influence fâcheuse est une formule connue sous le nom de *loi de Malthus* (du nom d'un économiste anglais). Cette formule ne se contente pas de poser la loi que nous venons de rappeler : l'accroissement de la population est subordonné à ses moyens d'existence. Elle prétend que l'accroissement naturel de la population doit, si rien ne l'arrête, produire inévitablement la misère. Elle s'appuie sur cette prétendue loi mathématique, que la population tend à s'accroître suivant la progression géométrique : 1, 2, 4, 8..... ; tandis que la progression des subsistances ne peut s'accroître que selon la progression arithmétique, 1, 2, 3, 4. Ainsi, dit Malthus, dans l'espace d'un siècle la population sera huit fois ce qu'elle était, et les subsistances n'auront fait que quadrupler. Il en tire cette conséquence, qu'il faut que le mouvement d'accroissement s'arrête de lui-même, sous peine d'être arrêté par la faim, la misère et la mort.

Mais on a objecté justement à Malthus que la production s'accroît beaucoup plus vite qu'il ne le pense, et que rien ne justifie cette différence qu'il a cru pouvoir établir entre les deux progressions. Il ne faut pas faire ici de comparaison entre l'homme et l'animal. Les animaux ne se réunissent que pour consommer; les hommes s'associent pour produire. L'être humain qui arrive à l'existence commence, il est vrai, par être uniquement consommateur, et il est une charge pour sa famille; mais un jour viendra où, à son tour, il produira et produira au delà de ce qui lui est nécessaire.

Sans doute, si l'on suppose des hommes sans idée de leur responsabilité et sans courage, gouvernés par des lois tyranniques ou absurdes, travaillant à contresens, se refusant aux échanges, vivant perpétuellement dans le désordre ou dans la guerre, l'accroissement de la production devra se ralentir, il ne répondra pas à ce qu'exige l'accroissement de la population. Mais, encore une fois, il n'y a là rien de fatal. Que les hommes travaillent, qu'ils ne s'agitent pas trop souvent pour détruire, qu'ils aient une saine notion des conditions naturelles comme des conditions morales du travail, et tout porte à croire que l'accroissement des subsistances pourra toujours répondre à l'accroissement normal de la population humaine.

Cet état de choses, possible et conforme à la vraie nature de l'homme, exclut-il la pauvreté? l'admet-il?

Il faut distinguer entre la pauvreté et la misère. A la rigueur, on peut dire que tout homme qui n'a point encore de capital à lui est pauvre. Mais cette situation d'un homme qui, comme nous le disions, vit uniquement de son travail quotidien, de ses salaires ou de son traitement, n'a rien d'effrayant. Elle peut être singulièrement adoucie par la prévoyance, la mutualité, l'association ; mais, on peut l'affirmer, il y aura toujours des gens qui, nés pauvres, par suite de la catastrophe, de la mort, ou de l'inconduite de leurs parents, auront à traverser cet état de pauvreté : beaucoup le franchiront, beaucoup seront contraints d'y rester et d'y vivre par suite de circonstances dont plusieurs sont très difficiles à prévoir, et, par conséquent, très difficiles à conjurer.

Quant à la misère, c'est la pauvreté qui s'abandonne ou qui est abandonnée des autres, c'est la pauvreté qui ne cherche ses moyens de subsistance que dans des actes anormaux, s'ils ne sont pas coupables.

Le *paupérisme*, c'est un état de la société, où la pauvreté, se généralisant et s'aggravant, tend à aboutir à la misère. Le paupérisme est une maladie sociale, maladie tantôt aiguë, tantôt chronique. Une société, un gouvernement, sont coupables quand ils ne travaillent pas énergiquement à la guérir par le concours de la science et de la charité et avec des réformes inspirées par l'une, éclairées par l'autre.

Le socialisme. Ses formes diverses. Réfutation.

Dans tout ce que nous venons d'exposer sur la distribution de la richesse, nous nous en rapportons à deux choses : 1° l'action individuelle responsable de ses efforts ; 2° l'entente mutuelle des individus discutant librement les conditions de leur concours. Il faut y ajouter une troisième condition, sans laquelle une équitable répartition serait impossible : l'action impartiale de l'État, garantissant à chacun le libre exercice de ses droits et assurant le respect des conventions.

Est-ce assez ? On doit encore demander, comme un bienfait nécessaire, que l'État, c'est-à-dire la société organisée, se préoccupe de créer à tous les travailleurs des conditions de vie favorables, en assurant le plus possible la paix, l'instruction, la facilité des communications, la facilité des renseignements, des échanges, des associations, etc.

Faisons encore un pas de plus. Nul n'est obligé de croire que les lois de l'économie politique suffisent à tout, et que l'homme ne vit sur la terre que pour l'acquisition des richesses. Il est donc juste de compter sur les sentiments de bienveillance et de sympathie naturels à l'homme, de compter sur les enseignements de la morale et sur la pratique de la charité, pour réparer les effets d'accidents immérités.

Il est cependant des esprits qui croient que la société doit faire davantage, intervenir plus efficacement et plus souvent pour assurer une répartition meilleure, suivant eux, en tout cas plus égale, de la richesse. Ils s'appellent *socialistes*, pour protester contre les doctrines *individualistes*, qui sont censées abandonner chaque travailleur à lui-même, sans le garantir contre les effets redoutables de la concurrence, contre la tyrannie des capitaux déjà formés, contre l'égoïsme des propriétaires installés déjà dans la jouissance du sol. Beaucoup d'écrivains, et surtout d'hommes politiques, se parent du titre de *socialistes*, sans donner, d'ailleurs, de programme économique bien précis. Ils veulent indiquer par là, d'une façon vague et générale, que la société doit se préoccuper davantage d'aider l'individu dans sa lutte contre la misère et contre les injustes privilèges.

Si l'on veut définir avec plus de précision la doctrine à laquelle tend, et à laquelle aboutit souvent ce socialisme, on peut dire, avec un membre de l'Institut[1] : *C'est la doctrine qui cherche à faire en toute occasion et sans mesure le bonheur de tous les citoyens ou du plus grand nombre avec les forces sociales et la bourse commune.*

Cette doctrine, sous les diverses formes qu'elle revêt, a deux torts considérables : 1° l'action sociale, en se substituant ainsi à l'action individuelle et à la libre entente des citoyens, arrête l'initiative, décourage les efforts personnels et détruit le sentiment de la responsabilité ; 2° en promettant aux individus de remédier quand même à certains effets malheureux des lois naturelles, elle leur donne des illusions dangereuses, et il n'est jamais ni bon ni moral de promettre l'impossible.

Parmi les mesures que les différentes écoles socialistes réclament, il faut noter, en effet :

1° Le droit au travail ;

2° Le droit au crédit ;

3° La subvention des associations ouvrières par le budget de l'État ;

4° La nationalisation du sol ou la suppression de la propriété individuelle de la terre ;

5° L'impôt progressif.

Or, reprenons ces différentes prétentions.

1. Le droit au travail, revendiqué par les socialistes, doit être soigneusement distingué du droit à la liberté du travail, tel que nous l'avons établi au début de ces notions. C'est un droit pour tout individu de travailler comme il lui plaît, aux conditions qu'il a proposées et fait accepter. Les partisans de ce qu'on appelle le *droit au travail* veulent plus : ils veulent que l'État soit obligé de fournir du travail à chaque individu. Il faudrait donc alors que l'État se fît industriel ou commerçant : car, évidemment, les produits du travail ne sont utiles qu'à la condition qu'on les vende. Or, quels sont les moments où tels ou tels ouvriers réclament de l'État, du travail ? Ce sont les moments de chômage, ceux où leur industrie, ne trouvant plus à écouler ses produits (le plus souvent parce qu'il y a eu excès de production), est contrainte d'en ralentir ou d'en suspendre la fabrication. Il ne suffirait donc pas encore que l'État se fît

1. M. Arroc, dans une discussion de l'Académie des Sciences morales et politiques.

lui-même fabricant et boutiquier ; il faudrait qu'il contraignn les gens à acheter bon gré mal gré des produits dont ils ne veulent pas, ce qui est une supposition absurde.

Mais ces réclamations ne s'élèvent d'ordinaire que dans des temps troublés, dans des moments de crise sociale ou politique, et alors le meilleur remède est le retour à l'ordre et à la paix. Si les ouvriers ont quelque peine à trouver du travail, ils peuvent compter, sans doute, sur l'aide indirecte de l'État. Tout le monde conseille au gouvernement, aux villes, aux grandes associations, de faire exécuter les travaux publics déjà projetés. Une société bien organisée et faite aux mœurs de la liberté doit aussi avoir dans son sein des centres d'information qui fassent connaître les demandes et les offres et dirigent les ouvriers sur les industries qui les réclament. A tout cela l'État doit la protection équitable, la facilité et la sûreté des relations ; mais il ne peut, sans imprudence et sans tyrannie, substituer partout son action à l'action privée.

2. A plus forte raison l'État ne peut-il garantir et procurer à tous du crédit. L'État n'a d'argent que celui que les citoyens lui donnent par l'impôt. Il ne peut, sans injustice, prendre dans la bourse des uns pour donner aux autres. Souvent, il est vrai, les représentants de la puissance publique prélèvent sur le budget commun de quoi venir en aide à des malheurs subits (incendies, inondations), de quoi encourager des inventions ou des travaux utiles, de quoi récompenser des services, etc. Tout cela est bon et juste ; mais, tout cela se fait par un acte exprès de la volonté nationale et sur des motifs particuliers. Le crédit, qui suppose préalablement une certaine confiance, la justification de certaines garanties, ne peut être accordé indifféremment à tous, et l'État ne peut exiger de quelques-uns de ses membres qu'ils fournissent de quoi faire crédit à des gens qui pourraient parfaitement ne pas le mériter.

3. Faut-il du moins que l'État subventionne et garantisse les associations ouvrières? Il faudrait pour cela bien des choses : il faudrait que l'État sût distinguer parmi les associations celles qui sont viables et celles qui ne le sont pas, celles qui sont bien gouvernées et celles qui le sont mal : qu'il se fît concurrence à lui-même en subventionnant des associations rivales, ou qu'il prît soin de liquider telles associations, de réformer telles autres, etc.; il est inadmissible, on

effet, qu'il dispose de l'argent des contribuables sans en contrôler l'emploi. Mais un tel contrôle, exercé universellement sur toutes les formes du travail, aboutirait, s'il était possible, à une organisation du travail absolument tyrannique.

En résumé, la liberté et la responsabilité individuelles, jointes à la libre association, peuvent seules trouver ce qui est possible, utile et équitable pour ce qui regarde la répartition des richesses.

4. S'il est impossible de faire de l'État l'industriel ou le banquier universel, il est également impossible d'en faire le grand gérant de la propriété foncière. C'est pourtant ce qu'il faudrait essayer de faire de lui, si l'on écoutait les partisans de la nationalisation du sol.

Ceux qui émettent cette idée croient ou feignent de croire que la possession individuelle du sol constitue un privilège excessif. Nous avons déjà répondu à cette assertion, en montrant que les détenteurs du sol l'ont payé, et que l'impôt qu'ils subissent fait déjà entrer l'État comme en partage de cette propriété. Si l'on faisait du sol tout entier du pays une propriété nationale, il faudrait indemniser les propriétaires actuels et faire cultiver les terres par des fermiers ou des employés de l'État. Ceux qui ont vu de près l'ardeur au travail et l'esprit d'économie du petit propriétaire qui cultive lui-même son propre bien n'admettront pas un seul instant que l'État puisse obtenir les mêmes produits de travailleurs devenus fonctionnaires. Dès lors la richesse totale du pays y perdrait infailliblement.

5. Reste enfin l'impôt progressif, qui, poussé à ses extrêmes conséquences, équivaudrait à une véritable confiscation des fortunes dépassant une certaine moyenne. Nous en reparlerons à propos de l'impôt.

Résumé.

On entend par distribution de la richesse le mode de répartition par lequel ceux qui ont contribué à la production s'en partagent les résultats.

Le propriétaire de la terre (et des agents naturels qui s'y rattachent) a droit au fermage ou à la rente, en retour des travaux qu'ont exigés le défrichement, l'entretien, l'amélioration du sol.

Le capitaliste a droit au loyer de l'immeuble, à l'intérêt de l'argent prêté : car dans le prêt il y a service rendu, travail épargné, risque couru, etc.

Le travailleur a droit au salaire, rétribution convenue d'avance, demeurant en dehors des risques et des chances. Le taux des salaires, comme le taux de l'intérêt, comme la valeur des marchandises, est réglé par la loi de l'offre et de la demande. La prospérité générale amène sûrement et naturellement la hausse des salaires ; toute élévation artificielle est trompeuse ou momentanée.

L'entrepreneur a droit aux bénéfices de l'entreprise qu'il dirige.

L'association est possible entre ouvriers d'élite qui partagent entre eux tous les bénéfices de leur entreprise, mais restent soumis à tous les risques.

La grande industrie et la grande culture bénéficient de l'accumulation des capitaux, qui permettent la fabrication de grosses quantités de produits, obtenues à meilleur marché. La petite industrie est plus favorable à l'initiative individuelle.

La population tend naturellement à s'accroître, pourvu que les subsistances ne fassent pas défaut. On ne peut soutenir que l'accroissement des subsistances soit fatalement moins rapide que l'accroissement normal des populations.

Le remède à la misère est dans le travail régulier, pacifique, protégé par un bon gouvernement, encouragé par la mutuelle sympathie et la charité des hommes entre eux.

Il ne faut pas demander de remède illusoire au socialisme, qui cherche vainement à assurer la richesse et le bonheur de tous par les forces sociales et par la bourse commune.

IV.

Consommation de la richesse. — Consommations productives et improductives. — La question du luxe. — Dépenses de l'État : l'impôt, le budget, l'emprunt.

Consommation de la richesse. Sens de cette expression.

Les richesses sont faites pour qu'on en use : l'homme ne travaille que pour produire, et ne produit que pour faire servir ses produits à son bien-être physique et moral, à l'amélioration de sa condition. Mais est-il possible d'user d'une chose et cependant de la laisser intacte ? Non, évidemment. D'autre part, se servir d'un objet est donc le détruire ? Le mot serait malsonnant et éveillerait une idée peu juste en somme. Les choses dont nous usons servent à créer ou à entretenir des forces ; et bien souvent, là où il y a destruction apparente, il y a transformation, substitution d'une forme supérieure à une forme inférieure. Les aliments que nous consommons soutiennent notre énergie vitale; les vêtements que nous usons préservent notre corps; les objets d'art qui peu à peu se détériorent entre nos mains laissent après eux des émotions qui charment l'existence, font trouver plus de prix à la vie, adoucissent les relations sociales.

Quand donc nous parlons de la consommation des richesses, il n'est pas sûr que le mot que nous adoptons là vaille mieux que les mots *usage*, *emploi* (pour ne pas aller chercher de barbarisme tel qu'*utilisation*). Mais enfin ce mot est consacré par la langue. Adoptons-le, en nous rappelant que la consommation n'est pas nécessairement une destruction, mais qu'il y a des degrés nombreux dans la manière d'user des produits et de les convertir en une quantité plus considérable et en des formes meilleures de force, de vie, de mouvement, de puissance féconde et créatrice. C'est précisément la diversité de ces degrés qui a suggéré aux économistes la distinction depuis longtemps établie entre les consommations productives ou reproductives et les consommations improductives.

Consommations productives.

Les *consommations productives* (beaucoup d'économistes préfèrent le mot reproductives) *sont celles qui ne font disparaître un produit que pour en obtenir un autre d'une valeur plus grande.* Force est bien de manger pour vivre, de brûler la houille pour faire travailler les machines, et d'user les machines en s'en servant. Les engrais se consument dans la terre, mais renaissent sous forme de moissons; les capitaux se dispersent pour payer les travailleurs, mais grâce à eux le travail a donné ses œuvres et rendu ses services. Pour creuser un canal, ouvrir une route, construire une maison, vous enlevez à la culture une certaine étendue de terrain; mais, par ce sacrifice, vous créez des valeurs qui n'existaient pas.

On a dit, avec exactitude, que ces consommations-là constituent simplement les *avances* de la production, avances nécessaires, puisque l'homme ne peut créer rien de rien. Les résultats de ces avances sont quelquefois lointains; s'ils se produisent enfin dans une mesure suffisante, la consommation n'aura pas été improductive.

L'épargne. La prévoyance. Les assurances.

On ne saurait classer l'épargne parmi les formes de la consommation, puisque l'épargne s'abstient, au contraire, de toucher à ce qui a été gagné par le travail antérieur. Mais ce sont là, sinon des dépenses, du moins des placements essentiellement reproductifs.

Nous renvoyons donc à ce que nous avons dit, dans la première partie, sur l'épargne, sur les assurances, les caisses d'épargne et les sociétés de secours mutuels[1].

Consommations improductives.

Les consommations improductives sont celles qui ne font pas naître de produits nouveaux, et qui satisfont simplement un besoin. Il y a cependant lieu d'établir parmi elles certaines distinctions.

Il est des dépenses absolument inutiles et sans aucun résultat, même parmi celles que l'on fait dans l'intention d'augmenter la production. Une usine qui ne paye pas ses frais, une machine qui brûle plus de houille qu'il n'en faut pour son travail utile, font des dépenses ou des consommations improductives. Tout ce qui excède le nécessaire ne produit aucune valeur correspondante : pur résultat de la maladresse et de l'ignorance, qui ne procure même aucune jouissance.

Les autres dépenses improductives sont faites par l'homme en vue d'une satisfaction, satisfaction d'un appétit, satisfaction de l'imagination, etc. Il nous suffira de rappeler la classification que nous avons donnée des principaux besoins de notre nature pour indiquer qu'ici encore les consommations improductives ne peuvent être toutes également approuvées ou blâmées.

1. On vu, en effet, pages 12 et 13 comment l'épargne s'attache à constituer et à développer un capital.

La richesse est une belle chose : c'est un moyen puissant, un moyen précieux quand on en sait bien user ; elle ne peut cependant pas être donnée comme le but unique et suprême de la vie... La pure jouissance encore moins ! dira-t-on. Sans doute ; mais il est des biens réels auxquels il faut savoir sacrifier très souvent, non pas l'entretien et le développement régulier de la richesse, mais le souci de l'accumuler à outrance, et d'en poursuivre la reproduction incessante et universelle. Faire aimer la vie, donner des charmes ou de l'éclat aux manifestations du génie de l'homme, développer dans les âmes l'amour de la société, la bienveillance, l'admiration, le respect, l'enthousiasme, c'est là, suivant l'expression de Voltaire, un superflu fort nécessaire : car si la richesse est une force, la charité, le dévouement, l'amour du beau sont aussi des forces ; et si l'on ne peut compter ni évaluer, on peut du moins goûter les biens impérissables qu'elles procurent.

La question du luxe.

Ceci nous amène à une question fort controversée, et à laquelle il est difficile de trouver une solution précise : la question du luxe. Sans nous flatter de donner du luxe une définition irréprochable, nous pouvons dire avec J. B. Say que *c'est l'usage des choses coûteuses*, ou, si l'on veut, dépassant la moyenne de ce que les personnes simplement aisées, dans tel état de civilisation donné, croient pouvoir raisonnablement dépenser.

On voit qu'il y a tout d'abord une distinction très importante à faire entre le luxe auquel suffit le revenu de la personne qui s'y livre et celui auquel le revenu ne suffit pas. L'économie politique, pas plus que la morale, ne saurait approuver la dissipation. Quiconque dissout un capital disperse en petites parcelles, facilement absorbées, c'est-à-dire facilement détruites par la consommation journalière, des sommes qui, réunies, constitueraient une force capable d'une action en quelque sorte indéfinie.

Quant au luxe qui ne fait que dépenser le revenu, et qui ne compromet point le capital, il peut, à son tour, présenter divers caractères.

Il est des dépenses de luxe qui satisfont uniquement la vanité : on dépense pour faire voir qu'on peut dépenser; on ne se soucie ni du beau, ni même de l'utile. Un pareil étalage entretient la sottise et durcit le cœur, outre qu'il provoque au dehors le mépris et la convoitise.

Il y a encore des dépenses de luxe qui ne flattent que la sensualité, qu'on ne recherche que pour réveiller des sens endormis : elles affaiblissent donc l'énergie et diminuent le ca-ractère. Si riche que l'on soit, il est bon de s'en préserver, non pas seulement par moralité, cela va sans dire, mais parce qu'il est toujours mauvais pour le riche d'entretenir autour de lui, par son exemple, l'amour exagéré du plaisir : sous cette in-fluence le courage s'éteint, la misère s'aggrave, les scrupules se perdent, et l'habitude du vol, sous des formes nombreuses, se répand insensiblement.

A côté de ces luxes condamnables ou méprisables, il y en a un qui peut paraître exigé par la situation et le rôle qu'on tient dans la société : car il est des fonctions sociales sur les-quelles il faut qu'une certaine représentation attire le respect général.

Enfin, il est un luxe qui cherche surtout le beau par l'art. Ceux qui pratiquent ce luxe-là, quand ils le peuvent, sont à l'abri de tout reproche. Non seulement l'amour de l'art et du beau n'excite pas la sensualité et n'encourage pas la paresse, mais il élève les esprits, purifie les cœurs, agrandit l'âme, en un mot[1]. Ajoutons, au point de vue économique, que l'aspect du beau en développe le goût, qu'avec ce goût l'esprit de règle et de mesure, non moins que l'esprit de grandeur et de hardiesse, deviennent peu à peu comme naturels : en toutes choses ils font fuir le laid, qui tient soit à l'ignorance ou au mépris des proportions, soit à la faiblesse et à l'impuissance de la vie; et il est bien des productions où, sans viser au beau proprement dit, on recueille le prix de ces habitudes et de ces tendances que l'amour et la jouissance du beau communiquent à toutes nos facultés.

1. Voyez nos *Éléments de Morale : Devoirs de l'homme en-vers lui-même.*

Dépenses de l'État.

Nous avons dit précédemment quelles sont, au point de vue du droit et de la morale, les fonctions de l'État. Nous avons à examiner ici son action économique.

Les distinctions que nous avons faites à propos des dépenses privées valent encore pour les consommations et dépenses de l'État. L'État peut faire des dépenses productives et des dépenses improductives, tout comme un simple particulier. « Il n'y a pas plus deux sortes d'économie, dit J. B. Say, qu'il n'y a deux sortes de probité, deux sortes de morale. Si un gouvernement comme un particulier font des consommations desquelles il doive résulter une production de valeur supérieure à la valeur consommée, ils exercent une industrie productive; si la valeur consommée n'a laissé aucun produit, c'est une valeur perdue pour l'un comme pour l'autre, mais qui, en se dissipant, a fort bien pu rendre le service qu'on en attendait. Les munitions de guerre et de bouche, le temps et les travaux des fonctionnaires civils et militaires qui ont servi à la défense de l'État[1] n'existent plus, quoique ayant été parfaitement bien employés. Il en est de ces choses comme des denrées et des services qu'une famille a consommés pour son usage. Cet emploi n'a présenté aucun avantage autre que la satisfaction d'un besoin ; mais si le besoin était réel, s'il a été satisfait aux meilleures conditions possibles, cette consommation suffit pour compenser, souvent même avec beaucoup d'avantage, le sacrifice qu'elle a coûté. Si le besoin n'existait pas, la consommation, la dépense, n'ont plus été qu'un mal sans compensation. Il en est de même des consommations de l'État : consommer pour consommer, dépenser par système, réclamer un service pour l'avantage de lui ac-

---

1. On peut ajouter : à sa sécurité, à sa grandeur (pourvu qu'elle se tienne dans les limites de la justice et de la prudence), à ce qu'exigent les services diplomatiques, la conservation des alliances utiles et honorables, la protection des clients, l'excitation des forces productives de la richesse, disons enfin à certaines fêtes qui ravivent de temps à autre au sein des masses le patriotisme et la concorde.

corder un salaire, anéantir une chose pour avoir occasion de la payer, c'est une extravagance de la part d'un gouvernement, comme d'un particulier, et ce n'est pas plus excusable chez celui qui gouverne l'État que chez le chef de toute autre entreprise. Un gouvernement dissipateur est même bien plus coupable qu'un particulier : celui-ci consomme les produits qui lui appartiennent, tandis qu'un gouvernement n'est pas propriétaire, il n'est qu'administrateur de la fortune publique[1]. »

Le budget. Annalité, spécialité.

Le budget est le compte rendu officiel et public des recettes et des dépenses de l'État, telles que les pouvoirs compétents les arrêtent ou les présument pour une période déterminée. Dans les États libres, le budget est dressé chaque année, pour l'année suivante, sur les propositions des ministres, par les représentants élus de la nation. C'est ce qu'on appelle *l'annalité* du budget. Certains États, comme la Prusse, ont obtenu que telle partie de leur budget, comme le budget de la guerre, ne fût votée que tous les sept ans.

Tout budget doit avoir d'abord certaines qualités, pour ainsi dire, extérieures. Il faut qu'il soit *sincère*, c'est-à-dire ne dissimule aucune dépense, n'exagère aucune recette ; il donnera une garantie de sincérité s'il est *clair*, c'est-à-dire si les recettes et les dépenses y sont rangées dans leur ordre naturel, s'il indique bien ce que le pays doit payer pour sa dette, payer pour les services publics, payer pour les frais de régie, de perception et d'exploitation des impôts et revenus publics ; pour qu'il puisse être discuté et voté librement, il faut de plus qu'il soit *divisible*, c'est-à-dire qu'on ne soit pas obligé de l'accepter ou de le refuser en bloc, mais qu'on le discute et qu'on le vote ministère par ministère, chapitre par chapitre, ou même article par article. C'est ce qu'on appelle la *spécialité* dans le budget.

Quant au fond, le budget doit être établi sur une appréciation exacte : 1° des *besoins* ; 2° des *ressources* de l'État ; ne

1. Voyez pour plus de détails nos *Éléments de Morale*, 2ᵉ partie, chap. XIII : *La Vie et les Fonctions de l'État*.

charger le contribuable que pour lui rendre un service réel, s'astreindre enfin au respect des règles généralement reconnues et adoptées sur les impôts et les emprunts.

Les impôts.

L'impôt est la part contributive de chaque citoyen dans les dépenses que l'action du gouvernement de l'État rend nécessaires. Si l'ensemble de l'impôt est assez modéré pour ne gêner ni ralentir la production et la consommation publiques, s'il est employé dans de sages proportions à des dépenses productives et à des dépenses qui répondent à de réels besoins, s'il est destiné à effectuer des dépenses que l'État seul est actuellement à même de faire, à même de faire bien, économiquement et fructueusement, l'impôt est bon et salutaire.

Ces principes généraux posés sur l'étendue plus ou moins grande des impôts, quelles règles doivent présider au choix des impôts? Adam Smith, et, après lui, tous les économistes en donnent quatre principales.

1° L'impôt doit être proportionnel, c'est-à-dire réparti de façon à n'exiger de chaque contribuable qu'une quote-part proportionnée au chiffre total de son revenu particulier : le contraire serait non seulement injuste, mais funeste aux progrès de la richesse publique.

2° La quote-part d'impôts demandée à chacun ainsi que l'époque et la forme du payement doivent être suffisamment connues de tous, pour exclure toute contestation et toute décision arbitraire. C'est à quoi tend le budget, quand il se soumet aux règles que nous avons posées.

3° L'impôt doit être perçu aux époques et sous les formes les moins incommodes pour les redevables.

4° L'impôt doit être organisé de manière à n'entraîner que les moindres frais de perception possible.

On peut ajouter encore, d'après les économistes les plus sûrs :

5° Un bon impôt ne doit porter que sur des objets d'une nature et d'une valeur nettement définies, et sur lesquels il n'y ait point à contester.

L'impôt progressif. L'impôt sur le revenu.

Il est des formes d'impôts que quelques publicistes préconisent, mais qui ne répondent pas à ces conditions.

L'*impôt progressif* serait un impôt dont les proportions iraient en augmentant à mesure que croîtrait la fortune du contribuable. Si, par exemple, on établit dix catégories de fortunes : la première, la plus faible, payerait, supposons, 5 pour 100 ; la deuxième payerait 10 pour 100 ; la troisième, 15 pour 100 ; la quatrième, 20 pour 100 ; la cinquième, 25 pour 100, etc. On voit que cette progression aboutirait vite à une véritable spoliation. Or, l'impôt n'a pas pour but de prendre violemment aux plus riches pour donner aux plus pauvres, et d'établir ainsi un inique et absurde nivellement. Il a pour but de faire contribuer chacun aux charges publiques, proportionnellement à ses moyens et aux services qu'il reçoit de la société.

La dernière des conditions que nous avons fixées est, comme l'explique, entre autres économistes éminents, M. Levasseur, ce qui a fait jusqu'à présent rejeter l'impôt dit sur le revenu. Sans doute, il serait l'impôt par excellence et devrait même devenir l'impôt unique, s'il était praticable : car il atteint directement la matière imposable tout entière, le revenu. Mais il ne peut être établi, « parce que le revenu des particuliers, se composant de mille éléments divers, ne peut être évalué que d'une manière très imparfaite, cas où l'imperfection est une grosse iniquité ; et, d'une autre part, parce que le contribuable, qui seul connaît l'étendue véritable de ses revenus, a intérêt à les dissimuler ». Voilà pourquoi on a tant varié les impôts, afin de saisir ces mille éléments divers du revenu, et d'imposer la richesse là où elle se manifeste en se consommant, et là où elle peut, avec le moins d'incommodité possible, sacrifier une partie d'elle-même au bien public.

Différentes espèces d'impôts.

On a coutume de diviser les impôts en deux grandes catégories : les impôts *directs* et les impôts *indirects*.

L'impôt *direct* s'adresse à des personnes déterminées, pour exiger d'elles, à telle époque, telle ou telle part de leur capital ou de leurs revenus, afin qu'elles contribuent aux dépenses publiques proportionnellement à leur fortune. L'impôt *indirect* est proportionné, non pas précisément à la fortune présumée des individus, mais aux consommations, aux dépenses, aux acquisitions qu'ils peuvent faire. Il ne vise donc point de personnes déterminées, il frappe les consommateurs quels qu'ils soient, qui, en payant tel produit, remboursent en même temps au producteur, à l'importateur, au commerçant, ce que l'État s'est fait payer par ces derniers.

L'impôt direct est toujours forcé : on ne peut, en aucune façon, s'y soustraire : il paraît donc plus dur pour le contribuable, s'il est pour l'État d'un revenu certain. L'impôt indirect, sous le grand nombre de formes qu'il revêt, et sous lesquelles il se dissimule, passe souvent inaperçu. Il n'est pas toujours volontaire, car il est des objets de consommation dont nul ne peut se passer ; mais, enfin, il l'est souvent, comme lorsqu'il frappe, par exemple, les alcools, et surtout le tabac. Il est difficile à percevoir, il est plus exposé à la fraude, il est d'un revenu qui oscille avec les progrès ou le ralentissement de l'aisance publique ; mais, par la multiplicité indéfinie de ses formes, il finit par assurer au budget des ressources considérables. En temps ordinaire, ces ressources augmentent régulièrement, et, pour ainsi dire, d'elles-mêmes, sans que le législateur ait eu besoin de décréter d'impôts nouveaux.

Entrons maintenant dans quelques détails.

Les principaux impôts directs sont :

L'impôt *foncier*, payé par le propriétaire d'une terre, ou le propriétaire d'une maison, en proportion de l'importance et de la valeur de l'immeuble ;

L'impôt sur *les portes et fenêtres*, payé par les habitants d'une maison, en raison de l'importance et de la valeur de cette maison ; toutefois les ouvertures des bergeries, des granges, des serres, ne sont pas soumises à cet impôt ;

L'impôt *personnel et mobilier*, représentant le prix de trois journées de travail, est une taxe sur le loyer ; cette taxe est plus ou moins élevée, selon le loyer même : car on suppose avec raison que le prix que vous mettez à votre loyer peut être considéré comme un signe de votre aisance ;

L'impôt sur les *patentes*, dû par tout individu exerçant pour son compte personnel un commerce, une industrie, une profession lucrative, comme celle de médecin ou d'avocat.

On peut encore regarder comme impôts directs l'impôt sur le *revenu des valeurs mobilières* et différentes taxes sur les cercles, les billards, etc.

Les impôts *indirects* comprennent les taxes de douane, dont nous avons parlé plus haut. Il semble, au premier abord, que ces taxes soient payées par les importateurs et la plupart du temps par les étrangers qui viennent nous vendre leurs produits. Mais il est évident que ces taxes les obligent à nous demander de ces mêmes produits un prix d'autant plus élevé.

Ils comprennent encore les taxes ou impôts sur la *circulation* des produits. Ainsi l'État prélève un droit qui a été jusqu'à 23 pour 100 sur toutes les marchandises transportées par les chemins de fer; les impôts de consommation représentés surtout par les monopoles (monopole du tabac, monopole des allumettes).

L'économie politique envisage les impôts à un autre point que la politique proprement dite, et elle est tentée de les classer différemment.

Elle part de la grande division qu'elle a introduite dans l'objet de son étude : production, circulation, distribution, consommation des richesses. Elle se demande quels sont, parmi ces divers moments, ceux où la richesse des individus peut le plus justement et le plus utilement être appelée à contribuer aux charges de l'État.

Elle pose en principe qu'il faut s'abstenir de décourager le travail productif et qu'il vaut mieux s'adresser à la richesse produite qu'à la richesse en voie de formation. Elle observe que les impôts atteignant la circulation risquent de nuire au commerce et de tarir ainsi l'une des sources les plus abondantes de la richesse publique. Mais elle est obligée, d'autre part, de reconnaître que la richesse formée n'est pas toujours bien généreuse, qu'elle ne va pas au-devant des charges, qu'elle aime souvent à se dissimuler pour s'éviter le plus de sacrifices possible. Il faut donc convenir que l'État est obligé de prendre ses revenus non seulement là où il est bon qu'il les prenne, mais aussi là où il peut les trouver. C'est pourquoi l'État intervient si souvent dans la répartition des fortunes par les héritages, dans la répartition des dividendes et des revenus,

6.

saisissant partout au passage la richesse qui se manifeste et lui demandant d'accroître, proportionnellement à l'importance qu'on lui découvre, les ressources et les richesses publiques.

Les emprunts.

Il arrive quelquefois que, soit pour faire face aux exigences d'une guerre, soit pour réaliser plus promptement de grands travaux publics, l'État ne peut se contenter des ressources ordinaires du budget et des impôts. Alors il *emprunte*, et le budget annuel est simplement chargé de payer les intérêts ; — on y ajoute quelquefois, et on devrait ajouter toujours — l'amortissement dudit emprunt.

Il y a une formule qui caractérise très exactement cette opération : on charge l'avenir du soin de payer ce que dépense le présent. Cela est-il juste ? Oui, cela est juste, si les générations à venir doivent profiter des peines, des dangers, des travaux, des expériences de leurs devancières. Ce n'est pas seulement pour nous, c'est pour nos descendants, que nous sauvons l'intégrité du territoire, que nous construisons nos routes, nos canaux, nos chemins de fer, nos écoles, etc. Il est donc équitable qu'ils payent une partie des services que nous leur rendons ainsi par avance ; mais il est clair que quand une nation peut se délivrer promptement du fardeau de sa dette (en totalité ou en partie), elle se donne à elle-même, pour les incertitudes du lendemain, une liberté d'action beaucoup plus grande, outre qu'elle restitue ainsi à la masse des travailleurs des capitaux utiles et productifs. Donc, emprunter quand on ne peut pas faire autrement, ou emprunter pour des travaux qu'il est plus économique et plus utile de faire en peu de temps, puis se libérer de ces emprunts aussitôt qu'on peut le faire sans augmenter les impôts au delà des règles prescrites, telle est, en cette matière, la loi que prescrivent aux nations leur intérêt et la justice.

Résumé.

Consommer les richesses, c'est s'en servir.

On distingue les consommations productives ou reproductives, qui ne font disparaître un produit que pour en obtenir un autre d'une valeur plus grande, et les consommations improductives qui ne font que satisfaire un besoin.

Le luxe est l'usage des choses coûteuses. Le luxe le plus avouable est celui qui est destiné à satisfaire l'amour de l'art et du beau.

Ces règles sont applicables aux dépenses des États comme à celles des particuliers.

Le budget de l'État doit être sincère, clair, divisible.

Les impôts doivent être proportionnels, connus d'avance, perçus avec le moins d'incommodités et le moins de frais possible.

L'État ne doit emprunter que lorsque les dépenses de l'emprunt sont nécessaires, et qu'elles doivent profiter aux générations futures.

FIN.

Paris. — Imprimerie de Delalain frères, 1 et 3, rue de la Sorbonne.

Documents manquants (pages, cahiers...)
NF Z 43-120-13